MODELO PARA EL DISCIPULADO

Mateo: 5-7

Por

Sergio Antonio Estrada Bojorquez, Ph.D.

Cuerpo Editoral

Tito Fafasuli

Miguel Mesias

Javier Elizondo

CONTENIDO

Introduccion... 3
Capitulo 1: La identidad del discípulo (5:3-12)................................ 13
Capitulo 2: La influencia del discípulo (5:13-16)...............................36
Capitulo 3: El patrón de justicia del discípulo (5:17-20)..................... 46
Capitulo 4: Los principios de Jesús en acción (5:21-32)..................... 57
Capitulo 5: Los principios de Jesús en acción (5:33-37)..................... 68
Capitulo 6: Las responsabilidades del discípulo hacia su prójimo (6:1-4).... 80
Capitulo 7: Los valores verdaderos del discípulo (6:19-34).................... 92
Capitulo 8: La relación del discípulo con el prójimo (7:1-12).................104
Capitulo 9: La relación del discípulo con Cristo (7:13-29)....................115

© Copyright 1992 Convention Press
© Copyright 2010 Lifeway Christian Resources
Todos los derechos reservados

5408-93

REPRINTED WITH PERMISSION BY

DARE 2 DREAM BOOKS

978-0-9779693-0-2

Artista diseñador: David Partá

Diseño interno: Marian Cangelosi

Clasifacación Decimal Dewey Número: 226.9

División: Sermón Del Monte

Impreso en los Estados Unidos de Norteamérica

Este es un libro de texto del curso en el área Estudio Bíblico en el curso de Estudio de la Iglesia. El número del curso es 04-123

Introducción

Mateo 5-7: Modelo para el discipulado

Mateo es el más didáctico de los cuatro Evangelios. Esto se demuestra claramente en el pasaje conocido como el Sermón del Monte, Mateo 5-7, el cual constituye el manual por excelencia para los discípulos de Cristo. La aplicación de sus enseñanzas no fue sólo para los que lo oyeron, sino también para aquellos que, sin ver físicamente a Jesucristo, creen en Él (Jn. 20:29). Esto quiere decir que las enseñanzas de Jesucristo son las mismas ayer, hoy, y por los siglos (He. 13:8). Son bienaventurados los que leen y practican esas enseñanzas, y conforman su estilo de vida al molde ofrecido en el Sermón del Monte (Ap. 1:3; Lc. 6:46; Mt. 7:21).

Por un lado, los incrédulos experimentarán fracaso y frustración al tratar de practicar las normas divinamente reveladas en este sermón. Por otro lado, los discípulos de Cristo no pueden cumplir los requerimientos de este sermón en su propio poder, sino sólo en el poder del Cristo resucitado. Cuando participamos de la cena del Señor, recordamos precisamente que Cristo es el que sostiene nuestras vidas espirituales con Su poder. Bajo ese poder podemos satisfacer las difíciles demandas que el Señor señaló en el Sermón del Monte. Bajo esa gracia, los seguidores de Cristo son levantados a un nivel superior de vida. Es aquí donde los hijos de Dios brillan como la "luz del mundo" (Mt. 5:14), y preservan y dan sabor como la "sal de la tierra" (Mt. 5:13), para gloria de Cristo.

No hay placer mayor que reflejar la gloria del Señor, como le sucedió a Moisés (2 Co. 3:7). Mientras que Moisés reflejó una gloria que pereció, nosotros podemos reflajar una gloria permanente y perdurable (2 Co. 3:10-11). Los discípulos de Jesucristo somos participantes del ministerio del Espíritu, cuya gloria proviene de Cristo. Esta gloriosa experiencia transforma al discípulo y lo lleva de gloria en gloria, y de triunfo en triunfo (2 Co. 3:18; 2:14). Esta fue la experiencia de Pedro, Jacobo y Juan quienes, no sólo estuvieron en el monte de la transfiguración, sino también fueron transformados al ver la gloria de Jesucristo (Mt. 17:1-6). Una vida transformada no se conforma a este siglo, sino que se renueva en su mente para comprobar la voluntad de Dios (Ro. 12:1-2). El discípulo cuya vida ha sido transformada no tiene una "filosofía de vida contemplativa" donde sólo contempla las necesidades de la gente; sino que tiene la "filosofía del valle," es decir, una vida transformada que baja del monte, y actúa e influye en la vida de sus contemporáneos con las enseñanzas de Cristo.

El escritor del Evangelio según Mateo

No hay duda que Mateo fue el escritor del Evangelio que lleva su nombre. El era un publicano o recaudador de impuestos, a quien Jesucristo lo llamó a dejar el banco de los tributos públicos, y seguirle como discípulo (Mt. 9:9). En la lista de los Doce, Mateo es considerado como uno de los apóstoles (Mt. 10:3). Tal vez no haya sido muy brillante como predicador o evangelista, pero sí fue uno de los más brillantes escritores del Nuevo Testamento. Los eruditos generalmente concuerdan con que Mateo escribió su Evangelio para que los judíos pudieran reconocer a Jesucristo como su Mesías. Mateo fue también un excelente administrador, cuyo don y experiencia probablemente lo convirtieron en tesorero de la iglesia primitiva después de la caída de Judas (Jn. 12:4-6; Mt. 27:3). Debemos recordar que el Señor utiliza nuestros conocimientos y trasfondo cultural para el servicio en Su reino.

El Sermón del Monte

Al Sermón del Monte se le considera la "Carta Magna del Reino," "El Sermón de Ordenación para los Doce Discípulos," "El Compendio de la Doctrina Cristiana," "El Manifiesto del Rey," "El Cartelón de la Nueva Era," y tal vez el más importante "La Descripción del Hombre que Pertenece al Reino."

Este último título es muy adecuado, porque implica que el discípulo de Cristo forma parte de un reino que ciertamente no es de este mundo (Jn. 18:36). Sin embargo, mientras sea peregrino en esta tierra debe vivir un estilo de vida que no lo haga del *montón*, como la multitud que oyó pero no se comprometió, sino que lo haga del *monte*, como aquellos discípulos que se entregaron y se comprometieron con Jesús.

Una de las experiencias pastorales más impresionantes que he tenido ocurrió con una persona que tenía poco tiempo de haberse convertido a Cristo. El hombre se había entregado al Señor en mi oficina, y luego había hecho pública profesión de su fe. A las pocas semanas de su conversión vino a visitarme en casa, y me dijo que su madre había muerto la noche anterior. Ella se había dado cuenta de que él estaba visitando la iglesia bautista, y le había hecho prometer al hijo que volvería a la iglesia católica. Yo sabía que sus sentimientos estaban muy sensibles, y en esos momentos él necesitaba más consuelo que exhortación. Por esta razón me limité a escucharle. Sin embargo, a mi mente vinieron las palabras del Señor: "El que ama a padre o madre más que a mí, no es digno de mí" (Mt. 10:37). Es una tragedia espiritual cuando invitamos a Jesús a ser nuestro Salvador, pero no hacemos un verdadero compromiso con El. Es una tragedia el no permitir que Su Espíritu reine y gobierne en nuestro espíritu. La tragedia de este hermano es que no quiso pagar el precio de seguir a Jesús. Su recompensa es que seguirá

5

siendo del *montón*, porque nunca se decidió a ser de los que se atreven a ser del *monte* como discípulos verdaderos.

El Sermón del Monte describe la altura, la anchura, y la profundidad del Espíritu de Cristo en la vida del discípulo.

Al final del Sermón del Monte, en el Evangelio de Lucas, el Señor dice: "¿Por qué me llamáis, Señor, Señor, y no hacéis lo que yo digo?" (Lc. 6:46). Estas son palabras claves para interpretar las enseñanzas dadas por Jesús en este sermón. El Sermón es un desafío para ser obedientes a Cristo en cada aspecto de la vida, para tomar Su señorío seriamente, para hacer Sus decisiones las nuestras, para vivir una profesión de fe en Cristo con acciones, palabras, y pensamientos apropiados. Es una serie de *granadas* espirituales, habladas en una atmósfera electrizante, que destruyen nuestra complacencia, y nos llaman a responder a la gracia de Dios con una obediencia radical.

El Sermón del Monte contiene 107 versículos en el Evangelio de Mateo, y sólo 33 de ellos aparecen en Lucas. Algunas veces el Señor usa un estilo poético, en otras ocasiones usa el método proverbial, pero sobre todo, establece profundos principios espirituales aplicables a nosotros en el Siglo XX.

Hay quienes toman las enseñanzas de Jesús en el Sermón del Monte literalmente. Algunos ven Sus enseñanzas como hipérboles o símbolos. Otros sostienen que Jesús estaba expresando principios generales, mientras que otros dicen que Jesús sólo se refería a actitudes. Hay una tensión entre quienes tratan de aplicar Sus enseñanzas para el "aquí" y el "ahora" y los que tratan de aplicarlo para el "después" y "más allá." Hay quienes ven el Sermón del Monte como aplicable sólo durante el reinado milenial, después de la segunda venida de Cristo. Sin embargo, la gran mayoría de los bautistas creen que el Sermón del Monte se aplica "aquí" y "ahora," a las necesidades espirituales, vida ética, y relaciones interpersonales; así como lo fue en la iglesia primitiva en el primer siglo.

Tragedia, bendición y destino en el Sermón del Monte
Mateo 5:1-2

En el Sermón del Monte, Jesucristo nos dejó profundas enseñanzas. El llamó prudente a la persona que oye y hace lo que este sermón indica (Mt. 7:24). Hagamos primero una exégesis y aplicación de los primeros dos versículos del Sermón. Allí podemos encontrar una tragedia, una bendición, y un destino.

La tragedia de los que oyen la Palabra de Dios pero no la entienden

Mateo 5:1 dice que "viendo la multitud, subió al monte; y sentándose, vinieron a él sus discípulos." ¿Acaso Jesucristo dirigió este mensaje a las multitudes? ¿O fue un mensaje directo para los discípulos? En la explicación de la parábola del sembrador, Lucas presenta una diferencia entre "vosotros," que se refiere a los discípulos, y "los otros," de la palabra griega *loipois* (que puede traducirse "el resto"). Allí el evangelista es más específico, y claramente establece a quien el Señor dirigía Sus enseñanzas: "Y él dijo: A *vosotros* es dado conocer los misterios del reino de Dios; pero a *los otros* por parábolas, para que viendo no vean, y oyendo no entiendan" (Lc. 8:10).

En la parábola del banquete de bodas nuestro Señor afirmó que "muchos son llamados, y pocos escogidos" (Mt. 22:14). Entendemos que el mensaje del Sermón del Monte es para todos. Jesucristo no rechazó a nadie que quisiera escucharlo. El dio la bienvenida a todos, y afirmó "al que a mí viene, no le echo fuera" (Jn. 6:37). Sin embargo, la historia de la humanidad está llena de gente que ha escuchado la Palabra de Dios pero no se ha convertido a Cristo. El infierno está repleto de personas que oyeron la Palabra del Señor pero nunca se arrepintieron. Esta es la tragedia a que hace referencia Mateo en estos versículos.

En primer lugar, es tragedia porque esas personas tienen la oportunidad de oír y ser salvos, y la pierden. El mundo conoce la palabra tragedia porque a diario sucede en la vida humana. Hay tragedias en la naturaleza, como son los terremotos, los huracanes, las inundaciones. Hay tragedias psicológicas, como lo es la depresión nerviosa, la pérdida de la razón, la esquizofrenia, y el *delirium tremens* característico de los borrachos. Tanto las tragedias naturales, como las psicológicas, se pueden remediar en su mayoría, aunque algunas veces son muy costosas. Pero las tragedias espirituales son las más dolorosas y terribles de la existencia. Si usted muere sin Cristo, esta es la tragedia más horrenda que usted se puede imaginar. Imagine pasar toda una eternidad en el infierno, con el diablo y sus ángeles por los siglos de los siglos. La Biblia dice que allí hay lloro y crujir de dientes (Mt. 8:12; 25:30). Jesús advirtió que deberíamos temer a aquel que puede echar nuestro cuerpo al infierno (Mt. 10:28). El Señor tiene el poder y la autoridad sobre la vida y sobre la muerte. Por esto es una tragedia oír su Palabra y no entenderla.

En segundo lugar, es tragedia porque Dios quiere que se salven pero ellos rechazan el llamamiento. Dios quiere muchas cosas buenas para los hombres. Dios tiene en Sus manos bendiciones materiales. Dice la Palabra que Dios "hace salir su sol sobre malos y buenos, y que hace llover sobre justos e injustos" (Mt. 5:45). Dios tiene en Sus manos también bendiciones espirituales. La bendición más gloriosa que Dios quiere dar a los seres humanos es la salvación. Él atrajo a las multitudes no sólo para que oyeran, sino para que se salvaran. Hizo milagros portentosos, tales como abrir los ojos de los ciegos, levantar paralíticos, reprender tormentas en el mar, revivificar muertos, pero todo lo que hacía era para que las personas se salvaran de la esclavitud de sus pecados, del terror de la muerte, y del dominio del diablo. La bendición más gloriosa que puede ocurrirle a usted es la salvación, pero para eso tiene que entregarle su vida a Cristo, abriéndole su corazón y dejándole ser rey y Señor..

La bendición de los discípulos de Cristo que se comprometen con El

En la siguiente parte del texto dice que "sentándose, vinieron a él sus discípulos." Los rabinos judíos por lo general enseñaban mientras caminaban. Sin embargo, cuando tenían algo muy especial que compartir con sus discípulos, se sentaban. El verbo "vinieron" es muy significativo porque nos indica la responsabilidad del discípulo de venir a Jesús. Los nuevos creyentes deben venir a Jesús, y postrarse a Sus pies como lo hicieron Sus discípulos en el primer siglo. Así lo hicieron los doce, y así lo hizo María, "la cual, sentándose a los pies de Jesús, oía su Palabra" (Lc. 10:39). Venir a Jesús es hallar descanso para el alma, porque El dijo: "Venid a mí todos los que estáis trabajados y cargados, y yo os haré descansar. Llevad mi yugo sobre vosotros, y aprended de mí, que soy manso y humilde de corazón; y hallaréis descanso para vuestras almas" (Mt. 11:28-29).

En primer lugar, el venir a Jesús es un compromiso a aprender. El verdadero discípulo de Cristo es disciplinado. Es disciplinado en aprender y crecer en el conocimiento y la gracia de nuestro Señor Jesucristo (2 P. 3:18). El discípulo que aprende, mientras más conoce más desconoce; mientras más aprende, más hambre tiene de aprender. ¡Ah! pero el discípulo tiene que comprometerse a aprender. Si quiere aprender la Biblia, la Escuela Dominical le ofrece el conocimiento bíblico. Si quiere aprender misiones debe convertirse en un misionero. Si quiere aprender evangelización, debe ganar almas para Cristo.

En segundo lugar, el venir a Jesús es un compromiso a seguirlo y servirlo. Jesús dejó Sus huellas al pasar por esta tierra. El discípulo de Jesús tiene la comisión de andar en las pisadas del maestro, "pues para esto fuisteis llamados; porque también Cristo padeció por nosotros, dejándonos ejemplo, para que sigáis sus pisadas" (1 P. 2:21). Seguir a Jesús es negarse a uno mismo, tomar la cruz cada día y seguirlo (Lc. 9:23). Seguir a Jesús es crucificar las pasiones y los deseos que batallan contra el alma, manteniendo una conducta irreprochable entre aquellos que no le conocen (1 P. 2:11-12).

Pablo explica el significado de seguir a Jesús mediante otra metáfora o comparación, la de golpear nuestro cuerpo y ponerlo en servidumbre, para ser una bendición a los que nos rodean (1 Co. 9:27). Las pisadas de Jesús tienen letreros que a veces nos parecen difíciles de seguir: "sufrimiento conforme a la voluntad de Dios," "dependencia total del Señor," "negación," "crucifixión," "humillación." Los discípulos siguieron a Jesús hasta poco antes de que fuera apresado por Judas, los alguaciles, los fariseos y los saduceos. Pero no estuvieron con Él en la hora difícil. La Biblia dice que Pedro lo negó. Los demás huyeron y le abandonaron. Pero la Biblia dice que las mujeres, María Magdalena, María madre de Jacobo, y otras más, siguieron a Jesús hasta el Calvario. Estuvieron con Él en Su sufrimiento, y también fueron las primeras en ser recompensadas a la hora del triunfo de Su resurrección (Mt. 28:1-10).

La Biblia dice que a los discípulos que se comprometen les es dado "conocer los misterios del reino de Dios" (Lc. 8:10). Jesús explicó las parábolas a Sus discípulos porque estuvieron dispuestos a aprender, y estuvieron dispuestos a comprometerse.

La obediencia a las enseñanzas de Cristo determina el destino del ser humano

Dios *formó* del barro al hombre, pero el pecado lo

deformó. Jesús, por medio de Sus enseñanzas, *transforma* la vida de Sus discípulos cuando estas se hacen carne en ellos. Jesucristo transforma no sólo la vida, sino también el destino de las personas. El dijo "Yo soy el Alfa y la Omega" (Ap. 1:8), lo que significa la primera y la última palabra de Dios a los hombres. Cuando Jesucristo habla hay que oírlo, porque Su Padre celestial dijo: "Este es mi Hijo amado, a él oíd" (Mr. 9:7). El profeta Amós en el Antiguo Testamento afirmó: "Si el león ruge ¿quién no temerá? Si habla Jehová el Señor, ¿quién no profetizará?" (Am. 3:8).

A Jesucristo se le oye porque El es el Maestro por excelencia. En los Evangelios, Jesucristo es llamado muchas veces Rabí, que significa maestro. La palabra que se traduce "enseñaba" proviene del griego *didasko*, de donde viene la palabra *didáctica*. Cuando venimos al monte desde donde Jesús enseñó, debemos venir con reverencia y atención. Este monte ciertamente no es como el Sinaí, que aterraba y espantaba a los hombres (He. 12:18-21). El Sinaí producía la muerte. En cambio, desde el monte donde Jesús enseñó, se oyen palabras de vida eterna para los que escuchan, se comprometen, y viven las enseñanzas de Jesús (He. 12:22-24).

Hay tres cosas que Dios hace cuando Su Palabra se encarna en nosotros. Primero, el Señor ilumina el espíritu del hombre. Segundo, le da dirección a la vida. Tercero, el Señor forma conciencia de la voluntad de Dios en Sus discípulos.

Conclusión

El Sermón del Monte se convierte en tragedia para aquellos que oyen pero no se salvan. Es una bendición para los discípulos que están listos a comprometerse. Es una enseñanza profunda que cambia el derrotero y el destino de la vida del discípulo.

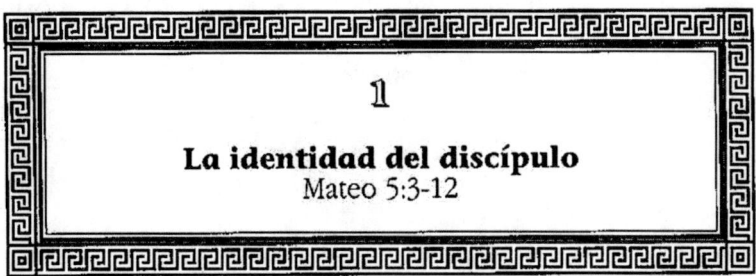

1
La identidad del discípulo
Mateo 5:3-12

Jesucristo fue llevado por Sus padres al templo y a la sinagoga judía desde Su infancia temprana. No hay duda que Jesús desde niño aprendió acerca de la literatura judía (Lc. 2:41-46). La literatura judía más importante en el primer siglo se describe en seguida. La *Torah* contenía los cinco primeros libros del Antiguo Testamento. La *Mishná* era una colección de leyes morales y sabiduría práctica, cuyo origen era la tradición oral. El *Midrash* eran comentarios de los rabinos sobre las Escrituras. Finalmente el *Talmud* contenía la *Mishná* y comentarios adicionales sobre su contenido. El *Talmud* judío tiene pensamientos muy similares a las bienaventuranzas. Posiblemente Jesús oyó algunas enseñanzas relacionadas con las bienaventuranzas de los labios de los rabinos judíos. El *Talmud* es ciertamente un mar didáctico de enseñanzas, donde las bienaventuranzas se pueden encontrar esporádicamente como perlas preciosas. Sin embargo, la grandeza de Jesús se hace manifiesta por dos razones. Por un lado, Jesús es el primero en poner las bienaventuranzas en un tesoro contenido en un solo cofre: el Sermón del Monte. Por otro lado, Jesús eleva las bienaventuranzas a una posición similar a los diez mandamientos.

Las famosas bienaventuranzas del Sermón del Monte clavan sus raíces en el Antiguo Testamento (Sal. 24:4; 34:6; 37:11; Pr. 19:17; Is. 51:5, 6, 8; 52:7; 57:18-21). Las bienaventuranzas son uno de los temas favoritos, no sólo en el Sermón del Monte, sino en toda la Palabra de Dios. El pasaje que contiene las bienaventuranzas es también uno de los predilectos para los predicadores. Todos los cristianos de todas las edades han encontrado deleite espiritual en ellas.

Es pobre en espíritu
Mateo 5:3

A los ojos de algunas personas las bienaventuranzas parecen contradictorias. ¿Por qué razón Jesús jamás pronunció una bienaventuranza en favor de los ricos? Esta será una buena pregunta cuando lleguemos al cielo. Sin embargo, las Escrituras registran las enseñanzas de Jesús relacionadas a lo difícil que es que un rico entre al reino de Dios (Mt. 19:23-24).

Cristo afirmó "Bienaventurados los *pobres en espíritu*, porque de ellos es el reino de los cielos" (Mt. 5:3). Lucas en su Evangelio registra que Cristo dijo: "Bienaventurados vosotros *los pobres*, porque vuestro es el reino de Dios" (Lc. 6:20). Los pobres ante Dios es uno de los temas más apasionantes de la Palabra de Dios. La iglesia del primer siglo estaba compuesta en su mayoría de pobres y esclavos. Se dice que era común ver a esclavos como diáconos, y personas ricas como banqueros (es decir, sólo calentaban bancas). Cristo nunca olvidó en su ministerio a los desposeídos, los oprimidos, los pobres, y las mujeres. Después de los discípulos, el círculo frecuentado por Jesús eran los publicanos y los pecadores (Lc. 5:29-30). Los publicanos eran cobradores de impuestos, como Mateo (Mt. 9:9), y como Zaqueo, que era jefe de ellos y rico (Lc. 19:2). Los pecadores eran los despreciados, los desposeídos de bienes materiales; pero de ellos se convertían a Cristo. A todos, pobres o ricos, Cristo vino a llamarlos al arrepentimiento (Lc. 5:32).

Nuestro Señor Jesucristo afirmó: "Siempre tendréis pobres con vosotros" (Mt. 26:11). ¿Se estaba refiriendo el Señor a los pobres en cuanto a los bienes materiales, a los cuales alude en Lucas 6:20 al decir: "Bienaventurados vosotros los pobres"? ¿O estaba El enseñando acerca de los pobres en espíritu a quienes se refiere en Mateo 5:3? El contexto de la afirmación de Jesús acerca de que siempre habrá pobres, tanto en Mateo como en Juan, claramente indica que Jesús estaba contestando a la pregunta de Judas y de los discípulos "¿Por qué no fue este perfume vendido por trescientos denarios, y dado a los pobres? (Jn. 12:5; Mt. 26:9). ¿Cuáles son las enseñanzas bíblicas acerca de los pobres?

Siempre habrá pobres en la tierra
El Señor declaró que siempre habrá pobres en la tierra (Mt. 26:11; Jn. 12:6).

A los ojos del mundo la pobreza, lejos de ser felicidad, es una maldición. Pero a los ojos divinos del Señor, la pobreza tiene sus virtudes. En ambos Evangelios, el de Mateo y el de Juan, esta declaración hace referencia a la omnisciencia del Señor, no al destino inexorable o inescapable de la mayoría de la población en el mundo. En el paraíso no hay pobres y ricos, sólo gente satisfecha. En la historia del mundo, las diferencias entre ricos y pobres provienen por causa del pecado en las naciones (Pr. 14:34).

La pobreza no es un llamamiento, pero si es un estado de la vida que Dios permite para darnos enseñanzas de fe a Sus hijos. Este estado de pobreza, (si sucede en nuestras familias), debería ser temporal. Si así ocurre, debe haber gratitud y alabanza a Dios, porque la pobreza tiene valores. Además, Dios tiene propósitos en todo lo que nos sucede como Sus hijos (Ro. 8:28). En el año de 1960 murió mi padre, y los sufrimientos económicos empezaron para mi madre y mis seis hermanos. Fueron años difíciles, pero gloriosos; porque en ese tiempo conocimos a Jesucristo, y lo recibimos como Señor y Salvador. Han pasado los años, y hemos visto como Dios, no sólo nos ha bendecido espiritualmente, sino también materialmente. La Biblia enseña que

Dios "levanta del polvo al pobre, y al menesteroso alza del muladar, para hacerlos sentar con los príncipes, con los príncipes de su pueblo" (Sal. 113:7-8).

En el griego del Nuevo Testamento, para describir la palabra *pobre*, Mateo usa la palabra *ptocós*. Esta palabra describe una pobreza abjecta y absoluta, una pobreza que golpea hasta el hueso. Esta palabra es un cuadro de una persona que no tiene absolutamente nada; en una palabra, es un desposeído. Lucas es el Evangelio que más se ocupa de los pobres. En el *Magníficat* de María se indica que los pobres son saciados por Dios, y los ricos son enviados con las manos vacías (Lc. 1:53). En el Evangelio según Lucas, Jesús viene para predicar las buenas nuevas a los pobres (Lc. 4:18); Jesucristo llama bienaventurados a los pobres (Lc. 6:20); hay una parábola donde un pobre pordiosero llamado Lázaro se salva, mientras el rico va a parar en el infierno (Lc. 16:19-31). En la parábola de la gran cena, los pobres ocupan el lugar que los invitados despreciaron (Lc. 14:15-24). El joven rico pierde su alma por rechazar la invitación de Jesús, debido a que no quiso compartir sus bienes con los pobres (Lc. 18:22-24). Finalmente, Jesús puso como ejemplo la ofrenda de la viuda pobre, que consistió en dos pequeñas monedas, equivalentes a dos centavos (Lc. 21:3). Jesús se agradó de esta ofrenda en vez del mucho dinero dado por los ricos (Lc. 21:1).

En el hebreo del Antiguo Testamento hay una idea de rechazo de la pobreza. Las diferentes raíces que se usan para describir la palabra *pobre* tienen que ver con aquellos que dependen de otros para vivir o sea aquellos que viven de la limosna. Esta palabra también se refiere al débil, al frágil, al proletario rural, al asalariado que vive al día. Sin embargo tiene también una connotación espiritual porque señala a aquel que se humilla ante Dios. Desde el tiempo de Sofonías, en el siglo VII A.C., los que esperaban la venida del Mesías fueron llamados *los pobres*: "Y dejaré en medio de ti un pueblo humilde y pobre, el cual confiará en el nombre de Jehová. El remanente de Israel no hará injusticia, ni dirá mentira, ni en boca de ellos se hallará lengua engañosa; porque ellos serán apacentados, y dormirán, y no habrá quien los atemorice" (Sof. 3:12-13). De este remanente de Israel, ciertamente pobre, pero fiel, saldría el anhelado Mesías. Así, el término *pobre* llegó a tener una connotación espiritual. Desde entonces la pobreza fue entendida como un ideal (Sof. 2:3). La pobreza espiritual era como una condición previa para acercarse a Dios (Is. 66:2).

En conclusión, en el Nuevo Testamento Jesús se identifica más con los pobres. En el Antiguo Testamento hay dos lados de la moneda. Por un lado, hay un repudio hacia la pobreza porque va en contra de las leyes de Dios. Por el otro lado, el término *pobre* llegó a identficarse con el remanente fiel, con el Mesías, y a tener una connotación espiritual. Por estas enseñanzas de la Biblia, la iglesia nunca debe olvidar a los pobres; porque, de hacerlo, afrenta al Señor. Bien dice Santiago: "Hermanos míos amados, oíd: ¿No ha elegido Dios a los pobres de este mundo, para que sean ricos en fe y herederos del reino que ha prometido a los que le aman? (Stg. 2:5).

Ante los ojos de Dios los pobres materialmente son bienaventurados

La pobreza tiene la virtud de ennoblecer y producir humildad de carácter para hacernos más semejantes a Cristo. Esta debe ser la meta final de todo discípulo del Señor. El Señor, en Su llamado al discipulado, nos pide negarnos a nosotros mismos y tomar la cruz (Lc. 9:23); y crucificar nuestra carne y pasiones que batallan contra el alma (Gá. 2:20). El verdadero discípulo de Cristo debe estar contento cualquiera que sea su situación, porque el Señor no desampara a Sus hijos (He. 13:5). Aun viviendo en una sociedad materialista, como vivimos, todavía debemos transformar nuestra mente por la renovación del entendimiento, para poder comprobar la voluntad de Dios, la cual es agradable y perfecta (Ro. 12:1-2).

Sabe llorar
Mateo 5:4

Llorar delante de Dios purifica el alma. El rey David lloró porque había pecado delante de Dios. En su lloro, quebranto, cilicio y ceniza, compuso el Salmo 51. Este salmo es uno de los favoritos de los cristianos. Es un salmo que describe, mejor que cualquier otro, el llanto de arrepentimiento. El rey David fue un gran pecador, pero sus lágrimas sinceras y honestas delante de Dios le hicieron ganar un lugar muy especial en el cuadro de honor del cielo. Su lugar entre los privilegiados no sólo es especial, sino también exclusivo. En el Nuevo Testamento se considera a David como un hombre conforme al corazón de Dios (Hch. 13:22).

Las lágrimas son perlas preciosas que recoge el Señor en el mar de su gracia. El ejemplo de Ezequías es ideal para ilustrar esto (Is. 38:1-6). El rey había caído enfermo de muerte. En esa situación, Isaías le anunció que iba a morir. La Biblia dice que Ezequías mezcló una poción que conmovió el corazón de Dios: oración y lágrimas. El libro de Isaías informa que Ezequías lloró profusamente. Dios no sólo oyó su oración, sino que también vió y recogió sus lágrimas. En Su maravillosa gracia, le sanó y le añadió quince años más de vida. Seguramente que Dios no sólo vió las lágrimas, sino también el arrepentimiento de su corazón; porque lágrimas sin arrepentimiento verdadero tienen un sólo efecto: humedecer el rostro del pecador empedernido. Pero el caso de Ezequías es un ejemplo digno de lo que el Señor hace en Su maravillosa gracia con aquellos que lloran ante Él.

Hay una gran aplicación para el discípulo de Cristo. Llorar no es una condición indispensable para ser oído por Dios en nuestras oraciones. Pero ¡ay de aquel discípulo cuyas cuencas de sus ojos estan vacías! Llorar delante de Dios es un privilegio dado al discípulo para descansar emocional y psicológicamente, pero sobre todo espiritualmente. Al hombre hispano se nos ha negado a veces el privilegio de llorar. Me acuerdo que cuando era niño oía decir a mis mayores que "los hombres no lloran." Pero, qué mejor ejemplo que el de Jesucristo, quien lloró frente a la tumba de Su amigo Lázaro (Jn. 11:35), y también lloró por el pecado de Jerusalén (Lc. 19:41). Debemos dar gracias a Dios cuando hay lágrimas en nuestros ojos. Las lágrimas son el limpiaparabrisas purificador, que limpia nuestra visión para ver a Dios más claramente.

La promesa divina para los que lloran es que serán consolados. El llanto por las almas perdidas es dado a aquellos que han sido llamados a resplandecer "como el resplandor del firmamento" (Dn. 12:3). Juan Knox se humilló delante de Dios y dijo: "Dame a Escocia o me muero." Su llanto y su oración fueron aceptados, y Dios envió un avivamiento a Escocia. Dios trajo un tremendo despertamiento espiritual a los Estados Unidos por medio de hombres grandes, como Dwight L. Moody, quienes pidieron con lágrimas que Dios bendijera a esta nación. Hoy, en pleno Siglo XX, necesitamos iglesias y pastores que sigan estos ejemplos de agonía santa delante de Dios.

La promesa de ser consolados, se cumple a pie juntillas en la vida del discípulo que va andando y llorando, llevando la preciosa semilla. La promesa al sembrador del evangelio es que volverá "a venir con regocijo, trayendo sus gavillas" (Sal. 126:6). Los siervos de Dios, llaménse pastores, laicos, o misioneros, cuando se proponen extender el reino de Dios, lloran y sufren, pero son consolados por el Dios de toda consolación (2 Co. 1:3-4). El llanto del parto espiritual es doloroso, pero anuncia regocijo inefable en nuestro Dios (Jn. 16:21). En diciembre de 1975 yo había decidido dejar definitivamente el pastorado. Había servido a Dios como pastor laico en la iglesia que me vió nacer espiritualmente. Todavía recuerdo el día en que tomé la decisión, detrás del bautisterio de la Iglesia Bautista Bethel de Torreón, Coahuila. Lloré mucho por los pecados de mi pueblo, y porque no quería arrepentirse.

La noche del 31 de diciembre de 1975 iba a ser mi última noche como predicador del evangelio. Pero mi Señor tenía otros planes. Esa noche llegó a la iglesia un predicador, a quien invité a predicar en ausencia del predicador invitado. Aquel hermano predicó un sermón inolvidable acerca de la contaminación espiritual. Me fijé que para leer la Biblia la acercaba demasiado, a pesar de los lentes "fondo de botella" que traía. Si usted hubiera visto a este predicador, sin duda se hubiera impresionado también. Cuando terminó su sermón, me acerqué a él y le pregunté: "¿Que le pasa en sus ojos, hermano? El me contestó: "Estoy quedando ciego. Pero no ores por mí. Cuando yo era joven, y tenía buenos mis ojos, el Señor me llamó al ministerio pero no quise servirle. Ahora me estoy quedando ciego; pero he decidido servirle, a pesar de este problema y de mi edad." Luego me vió a los ojos, me puso su mano sobre el hombro, y me dijo: "Antonio, tú que eres joven, sirve a Jesucristo." Aquella mirada y aquellas palabras taladraron mi alma, y pude sentir que el mismo Señor Jesucristo me invitaba a continuar adelante, a pesar de la decisión que había tomado de no ser pastor en el futuro.

Aquel predicador y yo nos pusimos a orar de rodillas. Juntos nos humillamos, derramamos nuestra alma delante de Dios, lloramos e imploramos la misericordia del Señor sobre nuestras vidas y ministerios. En lo personal, le pedí perdón por mi rebeldía a servirle, y le supliqué una nueva oportunidad de servicio. Unos días después, hermanos de la Iglesia Bautista Getsemaní de la ciudad de Lerdo vinieron a invitarme como pastor. En esa experiencia aprendí que el discípulo de Cristo a veces tiene que cruzar el valle de lágrimas, pero, ¡Gloria a Dios! El nos consuela y nos sostiene en medio de ese valle. Así, al final de la experiencia, podemos cantar con el himnólogo: "Tras la tormenta el arco iris, y tras la obscuridad la luz, tras triste valle excelsa cumbre, que a los creyentes da Jesús. Alegre mi alma un canto eleva, pues tras el velo Cristo está, sostiéneme la fe en su nombre, y he de mirar su augusta faz."

Es equilibrado, controlado y disciplinado
Mateo 5:5

La tercera bienaventuranza dice: "Bienaventurados los mansos, porque ellos recibirán la tierra por heredad" (Mt. 5:5).

Primero, veamos quienes son los mansos. Manso es una persona equilibrada, disciplinada, controlada, y dispuesta a aprender. En el griego de Aristóteles, manso era "aquel que siente ira en el terreno apropiado, contra la persona indicada, en una manera correcta, en el momento apropiado, y por un período adecuado de tiempo." En el griego clásico la palabra tenía una connotación de gentileza, y estaba asociada con la fuerza y la humildad. La palabra no tiene sus raíces en la debilidad, o en la indiferencia, o en el temor, o en la intolerancia. En el griego del Nuevo Testamento se clasifica a la mansedumbre como parte del fruto del Espíritu Santo en la vida del creyente (Gá. 5:23).

Nuestro Señor Jesucristo invita a Sus discípulos a crecer en la gracia y conocimiento de El (2 P. 3:18). El discípulo aprende la virtud de la mansedumbre en la escuela cristiana de la vida, donde Jesús es el Maestro que dice: "Aprended de mí, que soy *manso* y humilde de corazón; y hallaréis descanso para vuestras almas" (Mt. 11:29). La palabra *discípulo* tiene la misma raíz que la palabra *disciplina*. Y un verdadero discípulo es aquel que disciplinadamente lleva el yugo de

Jesucristo desde su juventud, se sienta sólo a los pies del Señor, y aprende de El el significado de la mansedumbre (Lm. 3:27-28). Es bienaventurado el discípulo que está dispuesto a aprender nuevos conocimientos. Es bienaventurado el discípulo que está dispuesto a ser entrenado en la maravillosa gracia de Cristo.

La promesa que tienen los mansos es que van a recibir la tierra por heredad. Esta bienaventuranza clava sus raíces en el Salmo 37:11. ¿Se refiere esta expresión "la tierra" al lugar en donde vivimos todos los seres humanos? ¿Se refiere esto al cielo? ¿O a una nueva tierra como lo afirma 2 Pedro 3:13? Aquí ofrezco mi interpretación. Los hijos de Dios tenemos a Cristo, y es Su presencia lo que determina el estado de bienaventuranza; no el lugar. Los hijos de Dios somos una mezcla formada de entre todas las naciones. Pero también somos un "linaje escogido, real sacerdocio" (1 P. 2:9).

La Palabra de Dios también afirma que Cristo nos ha hecho reyes y sacerdotes para Dios (Ap. 1:6). Más que a un lugar, la Palabra de Dios se está refiriendo a las bendiciones que tenemos en Cristo; porque la Biblia dice que en Cristo todo es nuestro, "sea el mundo, sea la vida, sea la muerte, sea lo presente, sea lo por venir" (1 Co. 3:22). En Cristo los discípulos tenemos el "Sí" de Dios en todas Sus promesas (2 Co. 1:20). El reino de Dios, aunque no es de este mundo, está formado por reyes y sacerdotes, los cuales son coherederos con Cristo (Ro. 8:17). Esta herencia, garantizada por el triunfo de Cristo sobre la muerte y Su ascensión al cielo, se cumple en nosotros cuando padecemos por El. Es una paradoja que siendo reyes tengamos que padecer y que ser mansos. Pero estas son las reglas del juego impuestas por el Señor en Su Palabra; y por ellas vivimos, y nos movemos y somos.

Esta bienaventuranza es exclusiva para aquellos que han reconocido la necesidad de Jesucristo como Señor y Salvador de sus vidas. La promesa de recibir la tierra por heredad se refiere a un estado bienaventurado donde lo poseemos todo en Cristo. Al Israel del Antiguo Testamento le fue ofrecida una tierra prometida; la cual recibieron. En el Nuevo Testamento el Israel de Dios es la iglesia del Señor (Gá. 6:16). En nuestro peregrinaje hacia nuestra tierra prometida, vamos a recibir en esta vida cien tantos más de lo que hemos dejado por seguir a Cristo (Mt. 19:29). Pero nuestra mirada está puesta finalmente en el galardón eterno que Cristo ofrece a todos Sus discípulos (He. 11:26). Los mansos nunca retrocedemos, siempre perseveramos en la fe, porque sabemos en quién hemos creído, y estamos seguros que Cristo es poderoso para guardar nuestro depósito para aquel día (He. 11:39; 2 Ti. 1:12).

Tiene hambre y sed de que se haga lo justo
Mateo 5:6

La siguiente bienaventuranza nos habla del hambre que Dios pone en el corazón de Sus seguidores. "Bienaventurados los que tienen hambre y sed de justicia, porque ellos serán saciados" (Mt. 5:6).

El Sermón del Monte no debe interpretarse desde el punto de vista del hombre. Si esto se hiciera, el énfasis exegético e intrepretativo de Mateo 5:6 sería puesto en "los que tienen hambre y sed de justicia." Mas bien, el Sermón del Monte debe ser interpretado a la luz de lo que Dios hace a favor del hombre. Dios, en su eterna providencia, promete saciar a los hambrientos y sedientos. La palabra "saciar" en el español significa llenar, satisfacer, alimentar, o proveer. Los evangelistas Mateo, Marcos, y Lucas, la usan cuando se refieren a las cinco mil personas a quienes el Señor alimentó hasta que se saciaron (Mt. 14:20; Mr. 6:42; Lc. 9:17). Lucas la usa en la parábola del hijo pródigo, para indicar que el joven deseaba saciarse de las algarrobas que comían los cerdos (Lc. 15:16); así como también para referirse al mendigo

Lázaro, quien "ansiaba saciarse de las migajas que caían de la mesa del rico" (16:21). El apóstol Pablo dice que ha aprendido a ser feliz cualquiera que sea su situación, "así para estar saciado como para tener hambre, así para tener abundancia como para padecer necesidad" (Fil. 4:12). Mateo y Lucas usan el mismo verbo griego *cortadzo*, que se traduce "saciar" (Mt. 5:6; Lc. 6:25). Lucas usa esta palabra con el ¡ay! contra los ricos, quienes están saciados *aquí* y *ahora* (Lc. 6:25). Mateo, sin embargo, designa esta bienaventuranza del Señor hacia los que tienen hambre y sed de justicia *aquí* y *ahora*. En las enseñanzas de los rabinos era muy común referirse a los ciervos que bramaban junto a las corrientes de las aguas, como símbolos del alma sedienta del poder y la presencia del Dios vivo (Sal. 42:1). Para la mente judía, Dios es el único que hace justicia a Sus escogidos que claman a Él noche y día. Para el judío que estaba en crisis, en el cautiverio o en el exilio, el Señor mismo sería su justicia: "En aquellos días y en aquel tiempo haré brotar a David un Renuevo de justicia, y hará juicio y justicia en la tierra. En aquellos días Judá será salvo, y Jerusalem habitará segura, y se le llamará: Jehová, justicia nuestra" (Jer. 33:15-16).

El discípulo de Cristo tiene hambre de ver que en todo se haga el bien. Esa hambre lo mueve a empezar por hacer el bien él mismo y por abogar en favor de que todos hagan lo que es justo delante de Dios y de los hombres.

Es misericordioso
Mateo 5:7

El diccionario de la Real Academia Española define la palabra *misericordia* como "virtud que inclina el ánimo a compadecerse de los trabajos y miserias ajenas." En la Palabra de Dios, misericordia es sinónimo de *benevolencia, benignidad, bondad, compasión,* y *gracia*. La palabra misericorida, y sus derivados, aparece alrededor de 400 veces en el Antiguo Testamento, y como 300 de ellas están en los salmos. En el concepto del Antiguo Testamento la misericordia es la tierna compasión de Dios por el ser humano en su miseria, debilidad, e incapacidad para ayudarse a sí mismo. En el Nuevo Testamento la misericordia de Dios se hace manifiesta con la venida de Jesús a este mundo. Cristo es el retrato hablado de Dios, que anuncia la misericordia divina en favor del ser humano. Jesucristo escucha los gritos del hombre que implora misericordia en su enfermedad. Cuando el ciego Bartimeo clamó "¡Jesús, Hijo de David, ten misericordia de mí!" (Mr. 10:47,48) su ruego fue escuchado. Jesús oyó los clamores de los padres que clamaban su misericordia en favor de hijos poseídos de demonios (Mt. 15:22; 17:15). Jesús bendijo la fe de la mujer cananea, liberando a su hija del demonio que la poseía.

Mientras en el diccionario secular la palabra misericordia es una virtud, su uso en la Palabra de Dios es diferente. En el Nuevo Testamento la palabra misericordia aparece unas 78 veces. Algunas veces se refiere a la misericordia como un *don* de Dios dado a los hombres. Otras ocasiones la práctica de la misericordia es una *condición* para alcanzar la misericordia de Dios. Hay también pasajes en los cuales la misericordia puede ser interpretada como *fruto* de nuestra unión con Cristo. El verdadero discípulo de Cristo, que ha nacido de nuevo, es sumamente bienaventurado al ejercer misericordia.

La misericordia como don del Espíritu Santo

El don de la misericordia es una habilidad especial, dada a los creyentes, para mostrar un amor compasivo y práctico a favor del prójimo que sufre. El apóstol Pablo incluyó este don práctico en las listas de los dones, diciendo que el que hace misericordia debe hacerlo con alegría (Ro. 12:8). Toda la iglesia del Señor está llamada a llorar con los que lloran

(v. 15). Frente a las personas que atraviesan sufrimientos o tragedias algunos se sienten frustrados, o tristes; y son incapaces de consolar. Sin embargo, los discípulos que tienen este don específico de misericordia, saben consolar a los atribulados, y con la ayuda del Espíritu Santo les infunden ánimo.

Este don práctico sirve para que los que atraviesan por grandes tragedias no sean olvidados. La gente por lo general olvida una tragedia tan pronto sus sentimientos se enfocan hacia otros propósitos. Pero los que poseen el don de la misericordia se preocupan por poner acción a sus sentimientos. Ellos ponen su fe a trabajar, y hacen obras buenas en favor de los que sufren (Stg. 2:14-18). El objetivo de los que tienen el don de la misericordia es aliviar la tensión, la necesidad, la crisis, o cualquier otra carga que aplaste a los que están sufriendo. Esto proviene de Dios, el cual provee en lo más profundo del ser una compasión sobrenatural, que va más allá de las emociones. Es un amor divino en el corazón del creyente que, controlado por el Espíritu de Dios, actúa en el nombre de Cristo con el propósito de glorificar al Padre.

Esto sucedió con Tabita, en quien vemos un símbolo de misericordia en la iglesia primitiva. La Biblia dice que hacía túnicas para las viudas de Jope, que daba limosnas para los pobres, y no sólo hacía buenas obras sino que abundaba en ellas. Cuando murió, las viudas vinieron a los apóstoles y les mostraron los vestidos que ella les había hecho con sus manos (Hch. 9:36-39). Una de las cosas que las viudas recordaban era el perfume de la alegría que dejó la hermana Tabita.

El don de la misericordia debe ser practicado en la iglesia constantemente. La Biblia dice que "no nos cansemos, pues, de hacer bien; porque a su tiempo segaremos, si no desmayamos" (Gá. 6:9). La misericordia debe ser el vestido de todos los miembros de la iglesia (Col. 3:12; Ef. 4:32).

La misericordia como fruto de nuestra unión con Cristo.

El tener comunión con Cristo nos hace semejantes a El. La Biblia dice que nuestro Dios es muy misericordioso y compasivo. Jesucristo habló de Sí mismo como la vid verdadera (Jn. 15:1), y enseñó que Sus discípulos somos los pámpanos. El comparó esta relación con un viñedo en donde Su Padre es el labrador. Su Padre celestial trabaja en aquellos discípulos que llevan fruto. El dice que los limpia, para que lleven más fruto. Esto se refiere a la labor de podar una planta. El Señor nos poda mediante Su Palabra. Su santa Palabra es verdad, y por medio de ella el Señor ejerce una obra maravillosa de limpieza en nosotros.

El espíritu de los hijos de Dios se embellece con la obra que El realiza en ellos. Esta belleza irradía la luz de Cristo a los que nos rodean. Cuando un discípulo está unido a Cristo, piensa como Cristo y actúa como Cristo. Una verdadera comunión con Cristo nos hace tener como fruto la misericordia. Aun la sinceridad de nuestra profesión de fe en Cristo es revelada con obras de misericordia. Cuando un discípulo ejerce la misericordia como fruto de su unión con Cristo se cumple Su Palabra que dice: "La misericordia y la verdad se encontraron, la justicia y la paz se besaron" (Sal. 85:10).

Tiene un corazón limpio
Mateo 5:8

Fanny Crosby fue ciega desde su nacimiento, sin embargo ha sido una de las más grandes compositoras de himnos cristianos. El himno que dice: "Señor Jesús, el día ya se fue, la noche cierra, oh, conmigo sé," es uno de los cantos que ella compuso cuando se encontraba a las puertas de la muerte. Ejemplos de su inspiración es la letra de los himnos "A Dios Demos Gloria," "Con Voz Benigna," "Dime la Historia de Cristo," "Comprado por Sangre de Cristo," "Lejos de mi Padre Dios," "Tuyo Soy, Jesús," "En Jesucristo el Rey de Paz," "Ama a tus Prójimos," y "Avívanos Señor."

La vida de Fanny Crosby nos demuestra que Dios puede ser glorificado incluso en la ceguera física. La ceguera espiritual, por el contrario, es una verdadera tragedia. Tragedia, porque no ver a Dios en la vida es un infierno constante. Tragedia, porque "el dios de este siglo cegó el entendimiento de los incrédulos para que no les resplandezca la luz del evangelio de la gloria de Cristo" (2 Co. 4:4).

Dios no puede ser descubierto por los medios ordinarios de investigación. El telescopio no revela Su lugar en el espacio. El estetoscopio no detecta ningún sonido especial que sea peculiar a Su deidad. El microscopio no encuentra ninguna substancia invisible al ojo desnudo que posea Sus atributos. Dios no es un compuesto para ser analizado químicamente, ni es una ley física para ser determinada por la experimentación. El no puede ser pesado, medido o fotografiado. Sin embargo, Jesús afirmó que es posible ver a Dios. Jesucristo llama bienaventurados a los que ven a Dios. Pero, para ver a Dios hay condiciones que reunir, hay consecuencias que resultan, y hay conocimiento que proviene del privilegio de poder ver a Dios.

La condición para poder ver a Dios

La condición es una *vida transformada*. La Biblia enseña que sin santidad "nadie verá al Señor" (He. 12:14). La santidad es una gracia dada a las personas que han sido transformadas y regeneradas por el Espíritu Santo (Tit. 3:5). Veamos el ejemplo de Pablo. El se describe a sí mismo como hombre religioso, hebreo de hebreos, fariseo, y conocedor de la ley (Fil. 3:5). Sin embargo, a pesar de su religiosidad, el Señor tuvo que humillarlo en el camino a Damasco con ceguera física en sus ojos (Hch. 9:19), para que abriera los ojos de su alma. Allí Pablo se dió cuenta de su pasado infructuoso, de su ceguera espiritual, y de la necesidad de ser transformado. Pablo dice que su vida anterior fue miserable (Ro. 7:24), llena de la basura de un judaísmo seco (Fil. 3:7-8). Su vida era semejante a jarras llenas a medias con el vino viejo de la ley. Era tan ciego que hasta persiguió a la iglesia. Pablo tenía razón de considerarse el último de los santos, y el primero de los pecadores (1 Ti. 1:15). A pesar de esa vida pasada, por la gracia de Jesucristo llegó a ser bienaventurado; por lo que en su vida nueva dice: "Para mí el vivir es Cristo, y el morir es ganancia" (Fil. 1:21).

Las consecuencias de poder ver a Dios
Toda decisión en la vida trae consecuencias. Si nuestras decisiones son acertadas, las consecuencias serán benéficas y saludables. La decisión de pedir a Dios que limpie nuestro corazón trae como consecuencia más responsabilidad espiritual. La Biblia dice que al que mucho se le da, mucho se le demanda. La luz de Dios es un privilegio, pero también una responsabilidad. ¿Quién tiene más responsabilidad: el que tiene la luz de la palabra de Dios, o el que nunca ha escuchado de ella? Tomemos el ejemplo de los aztecas, quienes fueron politeístas y creían en muchos dioses. La historia nos dice que ellos ofrecían una doncella al dios Huitzilopóchtli cada año. Escogían la doncella más hermosa, y le abrían el pecho sobre el altar, mientras la ciudad de Tenochtitlán estaba en tinieblas. Una vez celebrado el rito, el sacerdote encendía una hoguera en el pecho abierto de la doncella, y todos los aztecas traían antorchas y tomaban fuego de aquella hoguera.

Los cristianos vamos al Calvario, y del Cristo de la cruz recibimos una luz eterna que no se apaga, y que es una luz que alumbra a todos los hombres (Jn. 1:9). ¿Quiénes tienen mayor responsabilidad: los aztecas o los cristianos? La Biblia afirma que todos los que sin ley pecaron, sin ley serán juzgados; pero todos los que tuvieron el conocimiento de la ley, por la ley serán juzgados (Ro. 2:12).

Definitivamente la luz de Dios es una tremenda responsabilidad. El que ignora esto paga las consecuencias, porque el pecado está en aquel que sabe hacer lo bueno, y no lo hace (Stg. 4:17). La Biblia dice que el que tiene la luz de Dios y vuelve a las tinieblas, al igual que a Judas, mejor le hubiera sido no haber nacido, o no haber conocido el camino de justicia (Mt. 26:24; 2 P. 2:21-22).

El privilegio de ver a Dios redunda en conocimiento
Quien ve a Dios en su vida cotidiana obtiene conocimiento más profundo de la cruz de Cristo. El corazón limpio desea ardientemente conocer mejor a Cristo. Esta fue la experiencia del apóstol Pablo (Fil. 3:10). Pablo habló de ser llenos del conocimiento de la voluntad de Dios, y de crecer en el conocimiento de Dios (Col. 1:9-10). Si el pueblo de Dios desecha el conocimiento de Dios, se destruye a sí mismo; puesto que Dios desecha a quien le rechaza (Os. 4:6; I S. 2:30).

Sabe vivir en paz y hacer la paz
Mateo 5:9

Las cataratas del Niágara, en la frontera entre Estados Unidos y Canadá, son famosas en el mundo por su belleza y majestad. Esas cataratas tienen caída de aguas hacia ambos lados. Se dice que ciertas aves hacen sus nidos bajo estas caídas de agua. El ruido, por supuesto, es ensordecedor. Es increíble que bajo tanto ruido las aves puedan dormir, y criar a sus polluelos. Dios cuida de esas aves para enseñarnos lo que es Su paz, y como pueden vivir los pacificadores en medio de circunstancias adversas.

El ser humano típico del Siglo XX carece de esta paz, a pesar de los grandes adelantos tecnológicos. Esta carencia de paz ha traído consecuencias por las cuales el hombre sufre. Una de ellas es que el ser humano tiene problemas de identidad. Por un lado, la *filosofía humanista* ha contribuido para desfigurar esa identidad. Como fruto de esto, los seres humanos sufren desórdenes emocionales, mentales, psicológicos y espirituales. Esto los conduce a un estado de vaciedad. Por otro lado, el *materialismo* sólo ha traído frustración, depresión y falta de paz a la humanidad. Ante estos problemas de ansiedad, el ser humano ha tratado de buscar la paz en puertas falsas tales como el espiritismo. Otras veces toma el camino equivocado del suicidio. Cuánta verdad hay en la Palabra de Dios que dice: "Hay camino que al hombre le parece derecho; pero su fin es camino de muerte" (Pr. 14:12).

El mundo puede encontrar respuesta a su falta de identidad solamente en el autor de la paz: Jesucristo. En la séptima bienaventuranza "Bienaventurados los pacificadores porque ellos serán llamados hijos de Dios" (Mt. 5:9), el Señor, siendo el Príncipe de Paz (Is. 9:6), identifica a Sus discípulos como hacedores de paz. Esta identidad nos da seguridad y confianza en la vida cotidiana. Al discípulo no sólo se le identifica como pacificador, sino que en esta bienaventuranza se le identifica como hijo de Dios. Cristo llamó a Sus discípulos hijos de paz (Lc. 10:6). Jesucristo clasificó a los pacificadores como seres felices y satisfechos. Cristo quiere que sus discípulos hagan de la paz un tesoro precioso para su corazón, del cual afirma la Biblia "mana la vida" (Pr. 4:23).

El origen de la paz de Dios

El origen de nuestra paz cristiana es el Señor Jesucristo (Jn. 14:27). En el aposento alto, en el discurso de despedida a Sus discípulos, Jesucristo ofreció dar Su paz, y dejarla como herencia a Sus discípulos. La paz del Señor es diferente a la que el mundo ofrece. La paz mundana tiene sus raíces en lo temporal y efímero. Los placeres, el dinero, y las comodidades materiales pueden producir una paz superflua y falsa. La paz divina, en cambio, se basa única y exclusivamente en la presencia de Cristo en el corazón del discípulo. Esta paz no significa ausencia de problemas, sino la presencia de Dios en medio de ellos.

Los medios para obtener la paz de Dios
Cristo hizo la paz mediante la sangre de Su cruz (Col. 1:20). En el Nuevo Testamento el verbo griego *poieo* se traduce *hacer*. Esto significa que Cristo es la *causa* y el *efecto* de la paz. También significa que Cristo es el autor, hacedor, fabricante o productor de la paz. Sin embargo, la interpretación más hermosa es que Cristo es el *proveedor* de la paz, o *dador* de ella. *La Biblia de las Américas* traduce esta palabra griega como *efectuar*. Un ejemplo de esto se da en el texto donde dice que Dios "ha efectuado redención para su pueblo" (Lc. 1:68 BA). Uno de los frutos de Su redención en favor del hombre es Su paz gloriosa.

Pablo expresa en Efesios 2:14-15 que Cristo "es nuestra paz, que de ambos pueblos hizo uno, derribando la pared intermedia de separación, . . . haciendo la paz." Por medio de Cristo las hostiles paredes de prejuicio, racismo, culturas, lenguas, nacionalismos, han sido derribadas. La cortina de hierro, que separaba las Alemanias del Este y Oeste, fue derribada en 1989. Ya no existen la Alemania capitalista y la comunista, sino una sola Alemania. De la misma manera, con el derramamiento de la sangre de Cristo, ya no hay Oriente ni Occidente, ni americano o latinoamericano, ya no hay español o cubano, o portorriqueño, o venezolano, o colombiano, o mexicano, porque en Cristo los nacionalismos han sido derribados para gloria de Dios.

Es perseguido, pero al mismo tiempo bienaventurado
Mateo 5:10-12

La persecución de los justos es tan antigua como la raza

humana. En el libro de Génesis se relata la primera persecución de un justo. Caín persiguió a su hermano Abel y lo mató por envidia. Jesucristo hizo referencia a la sangre de Abel como "sangre justa" (Mt. 23:35). La historia de Israel está llena de ejemplos de persecución de justos, como David, a quien el rey Saúl persiguió muchas veces y sin motivo.

Nuestro Señor Jesucristo es el climax permitido por Dios en cuanto a la persecución de un justo por parte de los injustos. Este padecimiento del Hijo de Dios fue necesario para llevarnos a Dios (1 P. 3:18). Jesucristo experimentó además el dolor de la persecución de Sus propios familiares, quienes le rechazaron durante Su ministerio terrenal (Jn. 7:5). Sufrió también el rechazo de Su propio pueblo (Jn. 1:11; Is. 53:3). Jesús habló de aquellos que apedrean y persiguen a los profetas enviados por el Señor (Mt. 23:37-39). Jesús es el profeta de la gracia de quien Moisés había dicho "El Señor vuestro Dios os levantará profeta de entre vuestros hermanos, . . . y toda alma que no oiga a aquel profeta, será desarraigada del pueblo" (Hch. 3:22-23). Cristo, como profeta del Altísimo, trató de cubrir con sus alas de misericordia a Israel, para protegerlo de la tragedia y la desgracia, pero ellos no quisieron. Por eso, Cristo lloró (Lc. 19:41) y profetizó la caída de Jerusalén (vv. 43-44). Esta sucedió en el año 70 D.C. Después de esa experiencia, Israel ha sufrido y ha sido perseguido hasta lo indescriptible.

Jesucristo afirmó que la bienaventuranza es para los que sufren persecución y son vituperados por causa de la justicia. En esta bienaventuranza, El no se refirió a los que son perseguidos porque sus hechos lo merecen. La Biblia enseña que "el que hace injusticia, recibirá la injusticia que hiciere, porque no hay acepción de personas" (Col. 3:25). Gracias a Dios que hay un galardón grande en los cielos para los perseguidos por causa del reino de Dios.

El juicio de la historia nos dice que los cristianos tienen

recompensa a su sufrimiento. Tarde o temprano se cumplirá la Palabra de Dios que dice: "Cuando abrió el quinto sello, vi bajo el altar las almas de los que habían sido muertos por causa de la palabra de Dios y por el testimonio que tenían. Y clamaban a gran voz diciendo: ¿Hasta cuándo, Señor, santo y verdadero, no juzgas y vengas nuestra sangre en los que moran en la tierra? Y se les dieron vestiduras blancas, y se les dijo que descansasen todavía un poco de tiempo, hasta que se completara el número de sus consiervos y sus hermanos, que también habían sido muertos como ellos" (Ap. 6:9-11)

El juicio de la historia premia o castiga a los hombres por sus buenas o malas acciones. En aquel tiempo, Nerón condenó a Pablo injustamente. Han pasado veinte siglos desde aquella escena. Hoy las familias escogen el nombre de Pablo para sus hijos, y el nombre de Nerón para sus perros. Los cristianos han sufrido, pero algún día se levantarán victoriosos de la tumba, y Cristo les entregará su galardón.

La palabra *misdós* que se traduce como *galardón* significa pago, salario, recompensa, ganancia, retribución. El escritor de Hebreos usa esta palabra al describir como Moisés despreció la vanidad egipcia, y puso su mirada en el galardón (He. 11:26). Moisés, al igual que todos los perseguidos en la historia de la iglesia, tenía su mira "en las cosas de arriba, no en las de la tierra" (Col. 3:2).

Este galardón es un premio especial y diferente a las tres clases de coronas ofrecidas por el Señor a sus hijos: la corona de vida (Ap. 2:10), la corona de justicia (2 Ti. 4:8), y la corona de gloria (1 P. 5:4). Las palabras "corona" y "galardón" tienen raíces griegas y connotaciones diferentes. Aunque en su aplicación la idea de recompensa parece la misma, a fin de cuentas tenemos que aceptar que hay una clase especial de retribución para aquellos que son perseguidos por causa de Cristo. Todo esto significa que este galardón es exclusivo para aquellos que han sufrido en la tierra por causa del reino de los cielos. El sufrimiento de la persecución es muy doloroso, y a veces hasta vergonzoso, pero glorifica a Cristo. Por eso el Señor nos ofrece estar con nosotros cuando padecemos por ser fieles y leales a Él (1 P. 4:13). La fidelidad de los discípulos en medio de la persecución es una virtud que tiene recompensa doble del gozo y la alegría que el Señor da a los que sufren por Su causa (Mt. 5:12).

LECCIONES PARA LA VIDA EN MATEO 5:3-12

1. El discípulo de Cristo sabe aprender.
2. El discípulo obediente vive una vida feliz y completa.
3. El discípulo vive una vida recta delante de Dios y de los hombres.
4. El discípulo de Cristo imita a su Maestro.
5. El discípulo de Cristo soporta la persecución.

ACTIVIDADES DE APRENDIZAJE PERSONAl

1. Haga una lista de las características que definen la identidad del discípulo de Cristo.

_____
_____
_____
_____

2. Escriba algunas maneras en que el discípulo de Cristo es perseguido en el día de hoy.

_____
_____
_____
_____

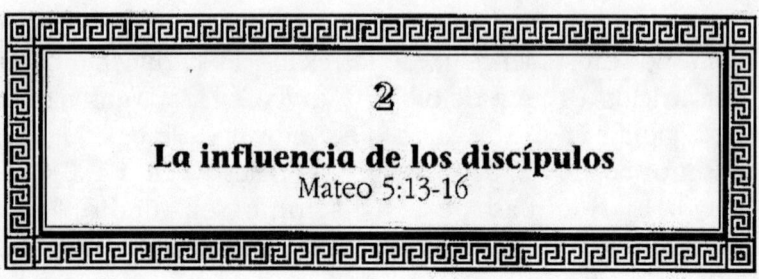

2
La influencia de los discípulos
Mateo 5:13-16

En mayo de 1990, algunos hermanos de la iglesia que pastoreo y un servidor, fuimos a la Escuela de Profetas en el Seminario Bautista Hispano de San Antonio, Texas. Un poco más adelante de Waco encontramos a un hombre que caminaba por la carretera, con el pecho descubierto, y llevando una cruz. Esta escena de película nos atrajo la atención, así que nos detuvimos para saludarle y hacerle preguntas. El inició la conversación diciéndonos: "Mi nombre es Larry Gross. Soy judío, y nieto de un rabino judío ruso. Soy soltero y nunca he estado casado. Por muchos años viví en las drogas y el alcohol, y estuve prisionero. Ahora soy exdrogadicto, exalcohólico, y Cristoadicto porque Cristo cambió mi corazón. El me llamó a predicar Su palabra cargando mi cruz. Duermo donde me invitan, y como lo que Dios provee. He viajado tres mil millas durante tres años por Saltillo, Monterrey, México y los Estados Unidos. He predicado hasta enfrente de la basílica de Guadalupe en la ciudad de México." Sólo un loco por Cristo puede cargar una cruz bajo el candente sol de Texas. Pero esa es la manera en que Larry Gross procura reflejar la luz de Cristo en su vida.

Jesucristo le dijo a Sus discípulos: "Vosotros sois la sal de la tierra . . . Vosotros sois la luz del mundo (Mt. 5:13, 14). ¿Qué quiso decir Jesús con éstas declaraciones? Tres cosas sobresalen al meditar en ellas. Primero, Su *plan* es que reflejemos Su amor. Segundo, Su *meta* es que inspiremos a los hombres a que lo reciban como su Salvador. Tercero, Su *propósito* es que los hombres le glorifiquen a causa de nuestro testimonio. Este plan, esta meta, y este propósito se veían claramente en la vida de Larry Gross. Es la voluntad del Señor Jesucristo que todos Sus hijos influyan al mundo siendo sal y luz, como verdaderos discípulos.

Al reflejar el amor de Dios (Mt. 5:13, 14)

Dios quiere que Su iglesia refleje Su amor (Mt. 5:13,14). Cuando una dama va a contraer matrimonio, y se pone su vestido de novia, sonríe con naturalidad y refleja el amor que tiene por su futuro esposo. Cuando Jesús afirmó "vosotros sois la luz del mundo", estaba pensando en Su iglesia como faro divino en este mundo. ¿Cómo va a saber el mundo que somos discípulos de Cristo? "En esto conocerán todos que sois mis discípulos, si tuviereis amor los unos con los otros" (Jn. 13:35). "Un mandamiento nuevo os doy: Que os améis unos a otros; como yo os he amado, que también os améis unos a otros" (v. 34).

Cuando el Cristo resucitado preparó el desayuno para Sus discípulos, a orillas del Mar de Tiberias, tuvieron compañerismo desayunando juntos. En ese ambiente de *agape* el Señor le preguntó a Pedro tres veces "Pedro, ¿me amas?" Pedro, estremecido por esta pregunta, le contestó: "Sí, Señor; tú sabes que te amo." Entonces el Señor le dijo: "Apacienta mis corderos.... Pastorea mis ovejas.... Apacienta mis ovejas" (Jn. 21:15-17). La lección fue tan grande que Pedro la vivió y la practicó, y la llevó con él hasta la tumba. En su vejez, durante los últimos años de su vida, escribió casi las mismas palabras del Señor: "Apacentad la grey de Dios que está entre vosotros, cuidando de ella,... siendo ejemplos de la grey. Y cuando aparezca el Príncipe de los pastores, vosotros recibiréis la corona incorruptible de gloria" (1 P. 5:2, 4).

Cristo quiere que los líderes de la iglesia apacentemos Su

iglesia con el cayado del amor. El Señor sabe que la vitamina A (amor) es indispensable en la iglesia, porque "el amor cubrirá multitud de pecados" (1 P. 4:8). Pedro había sentido y experimentado en carne propia el amor del Señor cuando lo negó. Aun así Cristo no lo abandonó, ni lo rechazó, ni lo desamparó. Cristo lo pastoreó; le tuvo paciencia; aun le dejó que volviera a sus redes, y allí lo restauró a su ministerio. ¡Cuán grande es el amor y el perdón del Señor cuando le fallamos!

¿Cómo podemos aplicar esto a nuestras vidas? A veces le fallamos al Señor en nuestro servicio como líderes. Sin duda que a veces le fallamos en nuestro servicio como predicadores. Muchas veces la iglesia no quiere perdonar al que falla. Pero escuchen lo que dice la palabra de Dios "Vestíos, pues, como escogidos de Dios, santos y amados, de entrañable misericordia, de benignidad, de humildad, de mansedumbre, de paciencia; soportándoos unos a otros, y perdonándoos unos a otros si alguno tuviere queja contra otro. De la manera que Cristo os perdonó, así también hacedlo vosotros" (Col. 3:12-13).

El amor es acción que no se puede esconder. La iglesia es como una ciudad asentada sobre un monte, que no se puede esconder. El amor atrae a las personas hacia Cristo. Es un imán poderoso que, lleno de la gracia divina, conquista el corazón.

Al inspirar a los demás (Mt. 5:15)

Dios desea que Su iglesia inspire a las personas (Mt. 5:15). Los hijos de la luz nunca debemos dejar que nuestra lámpara se apague. El Señor nos advierte en Su Palabra: "Estén ceñidos vuestros lomos, y vuestras lámparas encendidas" (Lc.12:35). Estas palabras las dijo el Señor en el contexto de la parábola del siervo vigilante. Su iglesia debe ser una iglesia que vigila, a fin de ser bienaventurada ante los ojos del Señor.

En nuestro siglo hay tres clases de iglesias. En primer lugar existen las iglesias cuyo pábilo está apenas humeando. Estas son iglesias moribundas, que no han tenido ni conversiones ni bautismos por años. No crecen porque no son luz del mundo, ni sal de la tierra. El Señor les ha quitado la luz de su candelero. Les ha pasado como a la iglesia de Efeso, a quien el Señor le amonesta diciendo: "Recuerda, por tanto, de dónde has caído, y arrepiéntete, y haz las primeras obras; pues si no, vendré pronto a ti, y quitaré tu candelero de su lugar, si no te hubieres arrepentido" (Ap.2:5). Una iglesia fría es la consecuencia o resultado del pecado. Tal vez la iglesia permitió que zorras pequeñas se introdujeran en el jardín de Dios y estropearan sus flores. A veces la iglesia deja que el diablo haga de las suyas en medio de ella. El diablo es tan sutil como la humedad que por donde quiera se filtra. Y aunque todo esto a veces sucede, el Señor no desecha a su iglesia porque la ama y quiere restaurarla. La Biblia enseña que Cristo es el Siervo escogido, que "la caña cascada no quebrará, y el pábilo que humea no apagará" (Mt. 12:20).

En segundo lugar, hay iglesias cuya luz apenas les alcanza a iluminar a su propia congregación. Estas son iglesias que sólo tienen crecimiento biológico; sólo se bautizan los hijos de los miembros. Tienen tan buen compañerismo que hasta llegan a enfermarse de *compañerismo agudo*. Son iglesias que no ensanchan el sitio de su tienda, ni extienden las cortinas de sus habitaciones; son escasas (Is. 54:2). A estas iglesias, el Señor les dice: "Levántate, resplandece; porque ha venido tu luz, y la gloria de Jehová ha nacido sobre ti" (Is. 60:1).

Finalmente, y gracias a Dios, tenemos las iglesias que son faros encendidos cuya luz se deja ver más allá de sus cuatro paredes. Estas son las iglesias con una relación tal con el Cordero que les permite estar en una constante luna de miel con Él. Estas son las iglesias que inspiran mediante su testimonio. Quiera Dios que la iglesia a la que usted pertenece nunca, nunca, nunca, sea una iglesia cuyo pábilo apenas humee. Permita el Señor que su iglesia en el Siglo XX tenga luz suficiente para iluminar a los que están adentro y a los que están afuera.

El 17 de enero de 1989 fue una fecha muy significativa en la vida de la iglesia en donde sirvo como pastor. Dios nos permitió comprar un templo que tiene 77,000 pies cuadrados de construcción. Esto significa que es posiblemente la iglesia hispana con el templo más grande en los Estados Unidos. El sueño es que algún día Dios nos conceda tener la iglesia hispana más grande para la gloria del Señor. El 8 de septiembre de 1990 celebramos el pago total del edificio, y al mismo tiempo el 75 aniversario de la congregación.

Desde que entramos en la propiedad, planeamos cómo identificar a nuestra iglesia con la comunidad, ya que por muchos años el templo había pertenecido a una iglesia anglo. Dios nos ha abierto las puertas. En nuestro edificio funciona una guardería infantil para familias pobres que no pueden pagar el cuidado de sus hijos. Hay asimismo un programa en el cual más de 300 personas adultas se han matriculado para aprender inglés. Finalmente, hay un programa de ayuda de comida para personas que están en extrema necesidad.

Como resultado de estos ministerios, familias completas se han convertido a Cristo, se han bautizado, y se han unido a nuestra iglesia. Jesús nos ordena que seamos la luz y la sal de la tierra. Si actuamos con la mente de Cristo, la pregunta que debe imperar en nuestra mente y nuestro corazón es: ¿qué haría Jesús en nuestro lugar? Cuando pensamos así, se cumplen las palabras de Jesucristo, quien dijo que la iglesia está para poner su luz en el candelero, y alumbrar a todos los que están en casa.

Al glorificar a Dios por medio de un buen testimonio (Mt. 5:16)

Dios anhela que los hombres le glorifiquen a causa de nuestro testimonio (Mt. 5:16). En la iglesia no puede haber discipulado secreto, porque o el secreto destruye el discipulado, o el discipulado destruye el secreto. Jesús no afirmó "vosotros sois la luz de la iglesia," sino que dijo "vosotros sois la luz del mundo." Esta luz tiene que brillar allá afuera, donde usted trabaja. El corazón de Dios se siente triste cuando en los lugares de trabajo la vida de los discípulos no refleja a Cristo. Si nuestras actitudes, nuestra manera de hablar, o nuestro testimonio ha fallado, entonces la sal y la luz que somos pierde su fuerza y poder.

Cuando una congregación cumple el propósito de Dios de que los hombres glorifiquen a Cristo al ver sus *buenas obras*, entonces crece. Cuando la gente viene a nuestras iglesias no pregunta qué idioma hablamos. Lo que quieren saber es si estamos viviendo como Cristo nos pide. Cristo reclama que nuestras buenas obras sean vistas por los hombres, y de esta manera ellos glorifiquen a nuestro Padre que está en los cielos. Dios nos salvó del pecado y de las tinieblas y nos ha hecho una iglesia santa con un propósito: "para que anunciéis las virtudes de aquel que nos llamó de las tinieblas a su luz admirable" (1 P. 2:9).

La Palabra de Dios afirma que Cristo "se dio a sí mismo por nosotros para redimirnos de toda iniquidad y purificar para sí un pueblo propio, celoso de buenas obras" (Tit. 2:14). Las buenas obras deben ser el fruto natural de nuestra fe. No hacemos buenas obras para alcanzar la salvación, "porque por gracia sois salvos . . . no por obras para que nadie se gloríe" (Ef. 2:8-9). Hacemos buenas obras "porque somos hechura suya, creados en Cristo Jesús para buenas obras, las cuales Dios preparó de antemano para que anduviésemos en ellas" (Ef. 2:10).

El juicio final sobre los cristianos no va a ser por sus pecados, porque Cristo ya pagó por nuestros pecados, y ya fue juzgado por ellos. Como dice el himno: "Todo fue pagado ya, nada debo yo, salvación perfecta da quien por mí murió." Santiago dice que la fe del cristiano debe ser activa y dinámica, y mostrarse en buenas obras. "Porque como el cuerpo sin espíritu está muerto, así también la fe sin obras está muerta" (Stg. 2:17,18,26). La Biblia dice que Dios nos juzga en esta vida por nuestras obras. "Y si invocáis por Padre a aquel que sin acepción de personas juzga según la obra de cada uno, conducíos en temor todo el tiempo de vuestra peregrinación" (1 P. 1:17). También la Biblia enseña que vamos a ser recompensados por las buenas obras. En la segunda venida de Cristo, cuando aparezca con sus santos ángeles al toque de la final trompeta, entonces se cumplirá Su santa palabra que dice: "He aquí yo vengo pronto, y mi galardón conmigo, para recompensar a cada uno según sea su obra" (Ap. 22:12).

Conclusión

Franz Mussner en su libro Petrus and Paulus Pole der Einheit (Germany: Herder Freiburg Basel Wien, 1976, p. 28) dice que Pedro tuvo dos conversiones. La primera sucedió cuando oyó de los labios de Jesús la expresión "sígueme"; y la segunda, cuando vio la visión en Jope. Allí el Señor le enseñó a Pedro a admitir lo que hasta entonces había rehusado a causa de su prejuicio contra los gentiles. Dios obró de tal manera que luego pudo decir: "Vosotros sabéis cuán abominable es para un varón judío juntarse o acercarse a un extranjero; pero a mí me ha mostrado Dios que a ningún hombre llame común o inmundo" (Hch. 10:28). Aunque no podemos hablar literalmente de dos conversiones, si podemos decir que después de haberse entregado a Cristo, la fe de Pedro como discípulo era muy débil y le causó problemas. Por su incredulidad no pudo andar sobre las aguas. Luego, negó a Cristo, poco antes de la crucifixión; y además estaba lleno de prejuicios contra los gentiles. Después de su visión en Jope, otro gallo le cantó, y la luz de Jesucristo brilló más fuerte que nunca a través de su vida.

Tal vez haya en el día de hoy personas como Pedro; que creen en Jesucristo como Salvador pero cuya fe todavía es débil. Tenemos casos de miembros en nuestras iglesias a quienes Dios ha bendecido en abundancia, pero no saben agradecer a Dios mediante sus diezmos; no saben reconocer que todo proviene de la mano del Señor. Hay también, entre nuestro pueblo cristiano, personas que no pueden brillar para Cristo a causa de su mal testimonio, o que han negado al Señor en su trabajo, o en su comunidad. Nunca faltan en nuestras congregaciones personas que tienen prejuicios raciales, culturales, o lingüísticos; hermanos y hermanas que han crecido en una sola cultura, y no pueden aceptar a hermanos que vienen de otros países, o que no hablan su idioma, o tienen otras costumbres. Se dice de ellas que pertenecen al Club de Pedrito. Si usted pertenece a ese club, quiero decirle que Pedro descubrió en Cristo perdón, amor y compasión para todos sus problemas, negaciones, y prejucios.

Quizás usted no necesita una segunda conversión pero tal vez sí necesita entregarle al Señor todo lo que le afecta para ser libre. Muchas veces dejamos de ser bendecidos por causa de los estorbos espirituales que tenemos. Otras veces se nos olvida lo que somos ante los ojos del que dijo: "Vosotros sois la luz del mundo." Cuando Jesús afirmó estas palabras tenía un plan en Su mente: que usted reflejara Su amor siendo la luz del mundo.

Cuando usted le entregó su corazón, El le puso meta en su carrera cristiana; que en el estadio de la vida, inspirara a todos para que se entreguen a El, y le reciban como Salvador. Igualmente, el Señor le reveló Su propósito de que todos le glorifiquen a El al ver sus buenas obras. ¿Está usted cumpliendo la voluntad del Señor? Qué triste cuando el Señor nos dice: "Así que, si la luz que en ti hay es tinieblas, ¿cuántas no serán las mismas tinieblas?" (Mt. 6:23). Le invito a decidirse seriamente a cumplir esta orden del Señor: "Vosotros sois la luz del mundo."

LECCIONES PARA LA VIDA EN MATEO 5:13-16

1. *El discípulo de Cristo refleja el amor de Dios en todo lo que hace.*
2. *El discípulo de Cristo inspira a los demás por su manera de vivir.*
3. *El discípulo de Cristo glorifica a Dios por medio de su buen testmonio.*

ACTIVIDADES DE APRENDIZAJE PERSONAL

1. La sal tiene dos funciones, preseva y condimenta. En su función preservadora desinfecta lo que toca. En su otra función le da sabor a lo que toca.
   a. Explique como el creyente puede tener un efecto preservador en el mundo.
   b. Explique como el creyente puede darle un buen sabor a la vida de los que lo rodean.

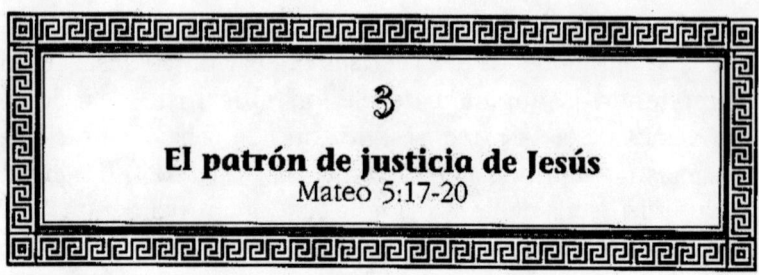

3
El patrón de justicia de Jesús
Mateo 5:17-20

Jesucristo es el *fin* de todas las profecías del Antiguo Testamento. Es el *fin* porque en El se cumple todo lo que los profetas afirmaron del Mesías de Israel (Lc. 24:44). Cristo es también el *principio de la gracia de Dios* (Jn. 1:16-17). El Señor mismo reafirma esto cuando dice: "Yo soy el Alfa y la Omega, principio y fin" (Ap. 1:8). Su encarnación, vida, muerte, resurrección, ascensión, y segunda venida, son el vino nuevo de la gracia de Dios para los seres humanos. Si queremos vivir victoriosamente la vida cristiana, debemos beber ese vino divino, y echarlo en los odres nuevos de vidas transformadas y creadas de nuevo a la imagen de Jesucristo (1 Co. 15:45-49).

Cualquier persona o grupo religioso que quiera vivir bajo la *ley,* fracasa espiritualmente. Esto sucedió con los escribas y fariseos del primer siglo, quienes quisieron vivir bajo su propia justicia, y rechazaron al que verdaderamente nos hace justos (Jn. 1:11; Ro. 5:1). Este es el mismo caso en nuestro siglo, con los Adventistas del Séptimo Día y los Ruselistas o Testigos de Jehová; quienes, tratando de vivir bajo la *ley,* desprecian el señorío y la gracia de nuestro Señor Jesucristo, y todas las bendiciones que de ello provienen. Pero quienes vivimos por y para Cristo recibimos *gracia* para triunfar en la vida cristiana.

Cristo es el cumplimiento supremo de la ley
Mateo 5:17

"No penséis que he venido para abrogar la ley o los profetas; no he venido para abrogar, sino para cumplir" (Mt. 5:17). Jesús conocía los pensamientos de los hombres (Jn. 2:24-25). Los conocía tan profundamente que les dijo: "No penséis." El propósito de esta frase era condenar las falsas ideas que había acerca de la relación del Señor con la ley. Los Evangelios nos indican que ya había oposición a Jesús de parte de los fariseos y otros líderes religiosos, por cuanto el Señor no seguía la tradición de los hombres.

La palabra *abrogar* también se puede traducir como *destruir* o *echar abajo*. Es la palabra que usó Gamaliel, según el registro de Lucas en el libro de los Hechos, cuando afirmó que si la obra de los apóstoles era de los hombres, se *desvanecería;* en cambio si provenía de Dios, no la podrían *destruir* (Hch. 5:38-39). Ambas palabras, *desvanecer* y *destruir*, son traducciones de la misma palabra griega que Jesús usó en Mateo 5:17, y que se traduce *abrogar*.

Cuando Jesús alude a la ley y los profetas se refiere a todo el Antiguo Testamento. Jesús se refirió a esto antes de Su muerte, cuando dijo: "Era necesario que se cumpliese todo lo que está escrito de mí en "la ley de Moisés, en los profetas y en los salmos" (Lc. 24:44). Aquí hay una preciosísima lección. Aunque a la ley se le llamaba "la ley de Moisés", su origen estaba en Dios, y las cosas de Dios permanecen para siempre. Las leyes de Dios tienen vigencia eterna. "El cielo y la tierra pasarán, pero mis palabras no pasarán" (Mt. 24:35; Comp. Sal. 33:11). Cristo no vino para destruir ni los principios ni los fines de la ley.

Entonces ¿qué significa que Cristo vino para cumplir la ley y los profetas? La palabra *cumplir* es una traducción de la palabra griega *pleróo*. Esta palabra puede traducirse de varias formas: 1) llenar, 2) dar cumplimiento, 3) terminar,

47

4)completar, 5) hacer que se conozca completamente, 6) complementar, y 7) suplementar. Esto quiere decir que realmente la ley estaba incompleta, y Cristo vino a completarla. La ley es semejante a un vaso de agua que no está totalmente lleno.

Cristo vino a suplir lo que le faltaba a la ley de Moisés. Cristo vino a cumplir los *rituales ceremoniales de la ley* mencionados en el Antiguo Testamento. La iglesia del Señor ya no necesita traer corderos al templo para ser sacrificados. La razón es que Cristo se ofreció a sí mismo como sacrificio supremo (He. 10:12), para abolir completamente los sacrificios de animales que se tenían que ofrecer. Hay un himno que dice: "Todo fue pagado ya, nada debo yo; salvación perfecta da quien por mí murió."

Cristo vino a cumplir también las *leyes del Antiguo Testamento acerca de los alimentos*. Al pueblo de Israel se le prohibió que comiera ciertos animales, conforme se indica en el Pentateuco (por ej. Lv. 11:1-47; Dt. 14:3-21). Animales tales como el camello, el conejo, la liebre y el cerdo eran considerados inmundos. La ley decía "De entre los animales, todo el que tiene pezuña hendida y que rumia, éste comeréis. Pero de los que rumian o que tienen pezuña no comeréis éstos: . . . lo tendréis por inmundo" (Lv. 11:3-4). Pero, gracias a Dios, Cristo vino a cumplir las leyes en cuanto a la comida. "No lo que entra en la boca contamina al hombre; mas lo que sale de la boca, esto contamina al hombre" (Mt. 15:11).

Cuando enseñaba Nuevo Testamento en el Seminario Bautista de México, invité cierta vez al secretario de la embajada de Israel a darnos unas conferencias sobre el calendario judío y la pascua. Después de esas conferencias, mi esposa y yo nos atrevimos a invitarlo a comer a nuestra casa. Aunque sabíamos que los judíos todavía guardan muchas de las leyes de los alimentos registradas en el Antiguo Testamento, no queríamos perder la oportunidad de tener ese compañerismo. Tenerlo en casa fue una experiencia muy interesante. Antes de comer fue a lavarse las manos. Cuando regresó del baño me preguntó asombrado "¿No es acaso malo que ustedes como cristianos tengan la Biblia en el baño?" Yo me ruboricé apenado, dándome cuenta de que sin querer había ofendido a nuestro visitante. Para el judío la letra es sagrada. Consideré apropiado explicarle que para los cristianos lo importante es que la letra está escrita en nuestros corazones, conforme al nuevo pacto descrito en el Antiguo Testamento y cumplido en Jesucristo nuestro Salvador (Jer. 31:33; 2 Co. 3:3,6).

El me contestó diciendo que los judíos procuran no pensar en Dios cuando van al baño, por considerarlo inapropiado. Continuó diciendo que en el siglo XII un judío inventó el juego de damas, para jugarlo mientras estuvieran en el baño y evitar así pensar en Dios. Esto nos da una idea del pensamiento judío en cuanto a la ley de Dios, y sus diferencias con aquellos que vivimos bajo la gracia. Hemos de recordar que para los judíos el canon de la Biblia (o sea los libros aceptados como inspirados por Dios) solamente incluyen el Antiguo Testamento. Los cristianos tenemos, no sólo el Antiguo Testamento, sino también el Nuevo Testamento, el cual refleja la gracia de Jesucristo.

Ampliación de la ley de Moisés
Mateo 5:18

"Porque de cierto os digo que hasta que pasen el cielo y la tierra, ni una jota ni una tilde pasará de la ley, hasta que todo se haya cumplido" (Mt. 5:18). Esta expresión denota la autoridad que Cristo dio al Antiguo Testamento. El Señor afirmó que ni aun la más pequeña parte de la Escritura pasaría de moda. La jota es la letra más pequeña del alfabeto hebreo. La tilde es un signo pequeñísimo, que se usa en la ortografía del hebreo para diferenciar dos letras cuando son muy semejantes. Jesucristo incluso hace referencia al fin del mundo en una manera escatológica, cuando el cielo y la tierra han de ser terminados por fuego (2 P. 3:10-12), y lo hace para afirmar la autoridad continuada de las Escrituras del Antiguo Testamento.

El énfasis principal de la expresión "de cierto os digo," sin embargo, se centra en la gloriosa autoridad con que Cristo enseñaba. Su autoridad no era como la de los escribas y fariseos (Mt. 7:29; Mr. 1:22; Lc. 4:32). Los líderes religiosos del primer siglo basaban su autoridad en la repetición de las enseñanzas de los rabinos judíos, contenidas en la *Mishná*, el *Midrash* y el *Talmud;* en tanto que la autoridad de Jesús provenía del cielo y de Su majestad como Dios encarnado.

Hay un significado aún más profundo en el cumplimiento de la ley por medio de Cristo. El, con Su vida, muerte y resurrección, vino a *ampliar la ley*. En el Sermón del Monte varias veces se repite el estribillo paradójico de Jesús: "Oísteis que fue dicho . . . pero yo os digo." Allí Cristo indica que no sólo debemos sujetarnos al mandamiento de la ley, sino también que debemos correr la segunda milla de la gracia.

En la ley se condena el adulterio entre un hombre y una mujer; en cambio, bajo la gracia del Señor, el simple hecho de mirar a una mujer con malos deseos, ya es adulterio. En la ley se condena el asesinar a una persona; pero bajo la gracia de Jesucristo el hecho de enojarse con su hermano, o el hecho de ofenderlo con palabras hirientes, ya significa asesinato. Todo esto nos indica que bajo la gracia del Señor hay demandas más intensas que en la ley.

Por otro lado, en la gracia del Señor hay más misericordia y más abundante perdón para el pecador. En Juan 8:1-11 se relata el caso de la mujer sorprendida en adulterio. Según la ley de Moisés, esa mujer debía ser apedreada hasta morir (Dt. 22:22-24). Sin embargo Jesucristo, en una manera desafiante, sentenció que el que estuviera sin pecado arrojara la primera piedra. Todos los que acusaban a la mujer se retiraron, como perros con la cola entre las patas, porque "no hay justo, ni aun uno" (Ro. 3:10).

La grandeza según Jesucristo
Mateo 5:19

"De manera que cualquiera que quebrante uno de estos mandamientos muy pequeños, y así enseñe a los hombres, muy pequeño será llamado en el reino de los cielos; mas cualquiera que los haga y los enseñe, éste será llamado grande en el reino de los cielos" (Mt. 5:19).

El Señor Jesucristo hace referencia en este pasaje a los

mandamientos pequeños. Es interesante que Mateo no usa la palabra griega *micros* que significa pequeño, sino que usa la palabra *elájistos*, que es el superlativo de *micros*, y que significa "diminuto, insignificante, muy poquito, el más pequeño, el menor." Ejemplos de mandamientos que se consideraban como pequeños los encontramos en Deuteronomio 12:23, donde Dios ordena no comer sangre, y en Deuteronomio 22:7, donde ordena dejar ir a la gallina madre y quedarse con los polluelos. Pablo usa el mismo superlativo para decir de sí mismo "A mí, que soy menos que el más pequeño de todos los santos" (Ef. 3:8).

El hecho de que Jesús se refiera a mandamientos pequeños indica la existencia de mandamientos grandes e importantes. Por ejemplo, en la interpretación rabínica, el honrar a los padres (Ex. 20:12), y la circuncisión (Gn. 17:10), estaban clasificados como mandamientos importantes e insustituibles para la vida de todo judío.

Si seguimos el mismo principio exegético de interpretar el Sermón del Monte a luz de la gracia de Jesucristo, llegaremos a las siguientes conclusiones en cuanto al presente tema. Primero, en la ley de Moisés sí había mandamientos pequeños y mandamientos importantes. Esto trajo como consecuencia ciertos abusos de interpretación. Los escribas y los fariseos llegaron al punto de enfatizar demasiado ciertos mandamientos, pero simultáneamente cayeron en el descuido de los que en su criterio eran considerados como pequeños.

La *Torah* (Génesis, Exodo, Levítico, Números y Deuteronomio) contenía 613 leyes individuales, que los rabinos clasificaban como 248 mandamientos y 365 prohibiciones. Las interpretaciones rabínicas de esas leyes quedaron registradas en la *Mishná*, el *Midrash*, y el *Talmud*. ¿Cómo afectó todo esto a la interpretación de la ley de Moisés?

Podemos ver un ejemplo de esto en el mandamiento de santificar el día de reposo (Ex. 20:8). Los escribas y fariseos le habían agregado demandas que provenían de las interpretaciones de los rabinos. Por ejemplo, enseñaban que no se podía comer un huevo que una gallina hubiera puesto en el día de reposo, o que en el día de reposo no se podía sacudir el polvo de la vestimenta, porque eso significaba trabajo.

Con esa actitud los escribas y los fariseos cometían dos pecados: uno, dejaban los mandamientos de Dios por aferrarse a la tradición de los hombres; y dos, invalidaban la Palabra de Dios al darle más importancia a su tradición (Mr. 7:8,13). En el apego estricto a las leyes contenidas en su tradición, los judíos llegaron a amar a Dios de labios pero no de corazón (Mr. 7:6-7). En este ambiente de legalismo es fácil tergiversar los valores verdaderos de la vida.

En segundo lugar, al estar bajo la gracia de Jesucristo, el principio que rige es que tenemos que ir más allá de lo que la ley enseña. La ley de Dios es importante porque fue el ayo para llevarnos a Cristo (Gá. 3:24). Bajo la gracia, ni despreciamos ni disminuimos ninguno de los mandamientos de la ley de Moisés, sino que vamos incluso más allá, porque Cristo nos ayuda a recorrer la segunda milla.

¿Qué queremos decir con estas palabras? Cristo ha cumplido la ley y los profetas, como ya fue explicado arriba. Había muchas cosas que la ley pedía, y que los seres humanos no las podían cumplir. Donde el ser humano fracasó, Cristo triunfó. Con la muerte de Cristo en la cruz las minuciosidades, los recovecos, y aun los más mínimos detalles de la ley, han sido ya cumplidos. Bajo la gracia, los discípulos tenemos una mayor reponsabilidad. Esta responsabilidad consiste en no minimizar ni despreciar ninguno de los mandamientos de Dios. Todos los mandamientos de Dios tienen la misma validez para los hijos de Dios hoy, tanto como en el primer siglo. La práctica de la justicia, la misericordia, y la fe, no es menos importante que el diezmar (Mt. 23:23).

El que practique los mandamientos y así los enseñe, su

destino es que será hecho grande (en griego: *megas*) ante la mirada del Señor. La verdadera grandeza es aquella que Dios da. ¡Qué bendición son aquellos siervos de Dios que son grandes ante los ojos de Dios! Muchas veces estos siervos parecen ignorados por los hombres; pero nunca son olvidados por el Señor. Es Dios quien se encarga de exaltarlos a su debido tiempo. Por otro lado, hay quienes pretenden ser grandes ante los ojos de los hombres pero son pequeños a los ojos de Dios. A éstos Dios también los juzga a su debido tiempo. ¡Ay de los que en esta vida son grandes, pero que en el reino de los cielos serán pequeños! Bienaventurados aquellos que en esta vida son pequeños pero en el reino de Dios serán grandes.

La justicia del discípulo es superior
Mateo 5:20

"Porque os digo que si vuestra justicia no fuere mayor que la de los escribas y fariseos, no entraréis en el reino de los cielos" (Mt. 5:20). La palabra griega *dikaiosúne* (justicia) es clave para interpretar este pasaje. Esta palabra sirve de base para la palabra *justificación*. Cuando los hijos de Dios llegamos a ser justificados significa que hemos recibido la salvación como un regalo de la gracia de Dios a través de Cristo Jesús. La justificación significa que hemos sido declarados justos ante la presencia de Dios. Nuestro estado de bienaventuranza ante la mirada de Dios es como si nunca hubiéramos pecado. Por consiguiente, nuestra justicia como discípulos tiene que ver con una relación correcta con Dios a través de Cristo Jesús.

Esta justicia del discípulo es superior a la justicia de los escribas y los fariseos. Ellos basaban su justicia en las obras de la ley. La Palabra de Dios dice: "Sabiendo que el hombre no es justificado por las obras de la ley, sino por la fe de Jesucristo, nosotros también hemos creído en Jesucristo, para ser justificados por la fe de Cristo, y no por las obras de la ley, por cuanto por las obras de la ley nadie será justificado" (Gá. 2:16).

La carta de Santiago tuvo problemas para ser aceptada dentro del canon del Nuevo Testamento, por cuanto dice que "el hombre es justificado por las obras, y no solamente por la fe" (Stg. 2:24). Un pastor anciano me enseñó que un texto sin su contexto es un pretexto. Verdaderamente este versículo no tiene apoyo neotestamentario para de él desarrollar una doctrina. Lutero no quiso aceptar el libro de Santiago porque dijo que contradecía completamente la justificación por la fe. En conclusión podemos decir que conforme a las enseñanza de la Biblia, fuera de Cristo no hay boleto de entrada para entrar al reino de los cielos.

LECCIONES PARA LA VIDA EN MATEO 5: 17-20

1. *Cristo vino a cumplir el propósito y la intención de la ley, no a abrogarla (5:17).*
2. *Las leyes de Dios siguen en vigencia (5:18).*
3. *El discípulo de Cristo obedece las leyes de Dios y vive de acuerdo a la justicia superior del Evangelio (5:19-20).*

ACTIVIDADES DE APRENDIZAJE PERSONAL

Subraye la mejor respuesta en las siguientes declaraciones:
1. El propósito de la frase "No penséis" era
   a. pedir a los oyentes que no pensaran en lo que oían.
   b. animarlos a que interpretaran correctamente.
   c. condenar falsas ideas que había en cuanto a la relación de Cristo con la ley.

2. Subraye una palabra que es sinónimo de *abrogar:*
   a. Abortar   b. Abrigar   c. Destruir
3. Cuando Jesús estaba hablando de la "ley o los profetas" se refería a:
   a. la ley de Moisés en forma completa
   b. algo opuesto a la interpretación de los fariseos de la ley de Moisés
   c. todo el Antiguo Testamento
4. La palabra cumplir significa "complementar" y "suplementar."
   a. Falso   b. Verdadero   c. Sólo complementar
5. La expresión "Porque de cierto os digo" es un estribillo que indica:
   a. Autoridad   b. Alabanza   c. Seguridad
6. La frase "ni una jota, ni una tilde de la ley" quiere decir:
   a. dos letras griegas
   b. dos letras hebreas
   c. una letra hebrea y un punto o partícula de otra letra hebrea
7. En la interpretación rabínica había mandamientos pequeños y grandes:
   a. Falso   b. Verdadero   c. Solo mandamientos grandes
8. La justicia de los discípulos de Cristo es superior a la de los escribas y fariseos (Escoja dos respuestas correctas):
   a. porque se basa en la justicia de Cristo
   b. porque la ley está pasada de moda
   c. porque la justicia de los escribas y fariseos se basaba en las obras de la ley.

Respuestas: 1-c, 2-c, 3-c, 4-b, 5-a, 6-c, 7-b, 8-a y c.

4
Los principios de Jesús en acción
Mateo 5:21-32

Las enseñanzas de Jesús acerca del enojo
Mateo 5:21-22

Esta es la primera de seis antítesis (5:21-22, 27-28, 31-32, 33-34, 38-39, 43-44) que Jesucristo presentó en el Sermón del Monte. En esta Jesús usó el sexto mandamiento, "No matarás" (Ex. 20:13; Dt. 5:17), como contexto bíblico y punto de partida para Su enseñanza sobre el enojo. Jesucristo dijo: "Oísteis que fue dicho a los antiguos: No matarás; y cualquiera que matare será culpable de juicio. Pero yo os digo que cualquiera que se enoje contra su hermano, será culpable de juicio; y cualquiera que diga: Necio, a su hermano, será culpable ante el concilio; y cualquiera que le diga: Fatuo, quedará expuesto al infierno de fuego" (Mt. 5:21-22). Los escribas y fariseos enfatizaban con esmero que cualquiera que mataba a alguien era culpable de juicio (Nm. 35:30-31). Su equivocación consistía en interpretar este mandamiento reduciéndolo a una cuestión de homicidio. Jesús afirma que este mandamiento tiene una aplicación mucho más profunda y significativa.

William Barclay indica que para Jesús había dos clases de enojo: 1) el de paja, y 2) el que crea raíces de amargura en el corazón.[1] Cuando la paja se prende se consume inmediatamente, y no dura mucho tiempo. El enojo de paja es autorizado en la Palabra de Dios bajo tres condiciones: "Airaos, pero no pequéis; no se ponga el sol sobre vuestro enojo, ni deis lugar al diablo" (Ef. 4:26-27). Jesucristo experimentó en carne propia el enojo de paja. Se enojó atinadamente, y con razón, cuando vio que la casa de Dios había sido convertida en cueva de ladrones (Mt. 21:12-13). Este enojo santo se produjo en Jesús porque el celo de la casa de Dios lo consumía (Jn. 2:17). Jesús no aceptó que Su casa de oración fuera convertida en lugar de mercado.

Por otro lado, no hay evidencias en la Palabra de Dios de que Jesús se haya enojado alguna vez con el enojo que crea malos sentimientos contra el prójimo. Aun en la cruz El perdonó a Sus enemigos, diciendo: "Padre, perdónalos porque no saben lo que hacen" (Lc. 23:34). Si el cristiano quiere tener vida abundante, debe tener injertos del Calvario en el jardín de su corazón. ¡Qué bendición es vivir una vida liberada de enojos, malos sentimientos, odios y amarguras! La vida en Cristo es muy hermosa y debe estar libre de estorbos. Poniendo los ojos en Jesús, y liberado de los problemas del enojo, el discípulo de Cristo tendrá éxito en todo lo que emprenda. Esta es la mejor receta bíblica para evitar conflictos emocionales psicológicos y espirituales.

La Palabra de Dios nos dice que un verdadero discípulo de Cristo es aquel que lo sigue. Si usted dice que es cristiano y se enoja fácilmente, es iracundo y no puede controlar su temperamento, es porque está siguiendo a Jesús de lejos como lo hacía Pedro (Lc. 22:54). Si usted sigue a Jesús de lejos va a negarlo delante de los hombres, como lo hizo Pedro. Aun el nombre del Señor será blasfemado entre los incrédulos a causa de su mal genio (Ro. 2:24). Esto es contrario al propósito del Señor de que Su luz alumbre a través de la vida de Sus discípulos.

El enojo que crea raíces de amargura, y dura mucho tiempo en el corazón, trae como consecuencia el odio y el resentimiento; y hasta puede traer resultados irremediables, como lo es la muerte de la persona contra quien se dirije.

Esta clase de enojo puede ser fruto de los celos o de la envidia. Este fue el caso de Caín contra Abel, de Esaú contra Jacob, y de Saúl contra David (Gn. 4:5-11; 27:41; 1 S. 18:8). Esta clase de enojo destruye el espíritu del que lo practica, y puede causar mucho daño a las personas que lo rodean.

La enseñanza de Jesús sobre el enojo es un triángulo equilátero, en el cual la segunda parte se relaciona al desprecio, el rechazo y la discriminación del prójimo. En la versión Reina Valera de 1909 la palabra "necio" se traduce "*Raca*," lo cual es una transliteración de la palabra griega. Esta es una palabra de desprecio de parte de la persona que la pronuncia hacia quien la recibe. Hay personas que desprecian a quienes tienen menos educación, o poseen menos dinero. Hay otros que desprecian a quienes tienen otro color de piel o son de otra cultura. Otros discriminan a aquellos que no son de su propia raza. Todos estos desprecios, rechazos, y discriminaciones son pecado ante los ojos de Dios.

El Señor Jesucristo afirma que los que practican este pecado serán culpables ante el concilio *(sanedrín,* en el griego). El *sanedrín* mayor de Jerusalem estaba compuesto de setenta y un miembros, nombrados de entre los principales sacerdotes, los ancianos y los escribas, y tenía poder hasta para condenar a la muerte. Eso fue lo que hicieron con Esteban, a quien consideraron problemático (Hch. 7). El sanedrín era lo que hoy llamaríamos el senado. El Señor afirma que cuando pecamos con el desprecio, el rechazo, y la discriminación vamos a resultar culpables ante aquellos que hemos ofendido.

La última enseñanza de Jesús en el triángulo equilátero sobre el enojo se refiere a la palabra "fatuo." La Biblia de las Américas traduce esta palabra como "idiota." El Señor Jesús advierte: "Porque por tus palabras serás justificado, y por tus palabras serás condenado" (Mt. 12:37). La palabra "idiota" es un insulto muy grande, y quien la diga "quedará expuesto al infierno de fuego." La Biblia de las Américas traduce "será reo del infierno de fuego." La palabra griega que se traduce infierno puede traducirse también como *gehena*. La *gehena* era el lugar a las orillas de la ciudad en donde arrojaban la basura, la cual ardía continuamente.

Quienes conviven con los iracundos aprenden sus maneras, y por eso la Palabra de Dios nos enseña a evitar dichas personas (Pr. 22:24-25). Aun a los solteros que piensan casarse se les recomienda que no se casen con mujeres rencillosas y enojadizas (Pr. 21:19).

¿Merecen los enojadizos, iracundos y rencillosos, ser perdonados o restaurados en la iglesia? Los incrédulos que se arrepienten desde luego que tienen el perdón de Dios. En cuanto a los creyentes, es apropiado considerar varios aspectos involucrados. Muchas iglesias pierden la salud espiritual porque dejan que esta clase de miembros contaminen la congregación con su mal ejemplo. Recordemos que "un poco de levadura leuda toda la masa" (1 Co. 5:6).

Algunas iglesias hispanas han tenido problemas de división a causa del enojo y la falta de perdón. Incluso hay iglesias que toman extremos equivocados, como lo es dejar de practicar la Cena del Señor a causa de problemas de enojo entre sus miembros. Otro extremo peligroso es cuando la iglesia sabe de una persona buscapleitos y enojadiza, y no sólo le permite hacer desmanes en las sesiones de negocios o en los cultos públicos, sino que también le permite traer juicio sobre sí misma al participar en la Cena del Señor sin discernir lo que está haciendo (1 Co. 11:29). Esta es la razón por la cual muchos en las iglesias están enfermos del espíritu, y otros duermen (1 Co. 11:30).

Las enseñanzas de Jesús acerca del adulterio
Mateo 5:27-30

Magic Johnson es un jugador profesional de basquetbol que ha contraído la terrible enfermedad del Sida. En noviembre de 1991, en una conferencia de prensa hizo pública esta tragedia en su vida personal. Los medios de comunicación masiva lo han proclamado un héroe nacional. Se dice que el presidente lo va a nombrar a un comité para combatir el Sida. Ahora él dice haberse convertido en promotor del "sexo sin riesgos." Mientras la Palabra de Dios enseña la abstinencia sexual antes del matrimonio, los falsos maestros están tratando de pervertir a la juventud promoviendo lo que llaman "sexo sin riesgos."

La fornicación y el adulterio llevaron a Johnson al fracaso de su brillante carrera deportiva y familiar. Este mundo ha fracasado porque ha olvidado que las leyes de Dios tienen dientes. La Palabra de Dios advierte seriamente al ser humano: "No cometerás adulterio" (Ex. 20:14). Está profetizado en la Biblia que el adulterio será uno de los pecados más comunes antes de la segunda venida de Jesucristo (Ap. 9:21).

En el Antiguo Testamento el adulterio era castigado con el apedreamiento hasta la muerte (Lv. 20:10; Dt. 22:22-24). En la ley de Moisés el adulterio se refería básicamente a las relaciones sexuales fuera del matrimonio. Jesús dice que el adulterio va más allá de las enseñanzas de la ley, ya que implica aun los deseos malos del corazón.

¿Cuáles son las enseñanzas de Jesucristo en cuanto al adulterio? Primero, el Señor presenta el tema del adulterio con la segunda antítesis: "Oísteis que fue dicho: No cometerás adulterio. Pero yo os digo que cualquiera que mira a una mujer para codiciarla, ya adulteró con ella en su corazón" (Mt. 5:27-28). Jesús está haciendo referencia al séptimo mandamiento. Dios creó al hombre para ser feliz mediante la monogamia, lo cual significa tener una sola esposa. Cualquier contacto sexual fuera de esa relación que Dios ha santificado es pecado. Jesús condena, no sólo al que se come la manzana prohibida del adulterio, sino también al que mira con ojos de adulterio a una mujer.

Jesús afirmó que "la lámpara del cuerpo es el ojo; . . . pero si tu ojo es maligno, todo tu cuerpo estará en tinieblas" (Mt. 6:22-23). Así como podemos cometer asesinato con palabras hirientes, así también podemos cometer adulterio en nuestros corazones. Jesús afirmó que los adulterios salen del corazón (Mt. 15:19). ¡Qué importante es mantener un corazón limpio para poder ver a Dios aun en la belleza de una mujer! Pero cuando el corazón está sucio cada pensamiento que alberga será para pecado, porque el fruto pecaminoso acarrea corrupción de la mente y de la conciencia humana (Tit. 1:15).

Una de las características de los falsos maestros es que "tienen los ojos llenos de adulterio" (2 P. 2:14). Cuando los ojos están contaminados, la codicia por el cónyuge ajeno entra en el corazón. La codicia le hace pensar que "las aguas hurtadas son dulces," y le engaña con el proverbio que "el pan comido en oculto es sabroso" (Pr. 9:17). La tragedia del adulterio es que nadie puede tomar fuego en su seno sin que sus vestidos ardan, y nadie puede pisar brasas sin que sus pies se quemen (Pr. 6:27-28). Los frutos del adulterio son horribles porque "hay camino que al hombre le parece derecho; pero su fin es camino de muerte" (Pr. 14:12). El final de la aventura del adulterio es que el que lo practica "corrompe su alma . . . heridas y vergüenza hallará, y su afrenta nunca será borrada" (Pr. 6:32-33).

La mayordomía del cuerpo demanda cuidarlo como templo del Espíritu Santo. El pecado del adulterio es contra el cuerpo, y la Palabra de Dios enseña que es diferente a cualquier otro pecado (1 Co. 6:15-18). Esto quiere decir que el adulterio afecta para mal el cuerpo de quien lo practica. Al referirnos al cuerpo queremos decir la totalidad del ser humano, ya que su alma y su espíritu sufren también. Jesús enseña que, además de esto, el adulterio causa escándalo en la vida familiar, en la sociedad, y en la iglesia. Jesús enseña que si el ojo o la mano derecha nos son ocasión de caer (*scandalizei* en el griego, y significa escándalo) debemos cortarlos de nuestra vida. Los rabinos decían que los ojos y la manos son los provocadores del pecado, y que los ojos y el corazón son las sirvientas del deseo pecaminoso.

Las enseñanzas de Jesús acerca del divorcio
Mateo 5:31-32

La enseñanza acerca del divorcio es presentada por nuestro Señor con la tercera antítesis (Mt. 5:31-32). Una explicación más amplia la encontramos en Mateo 19:3-12, donde se registra una confrontación entre Jesús y los fariseos sobre el tema. Los fariseos le preguntaron a Jesús si era permitido al hombre repudiar a su mujer por cualquier causa. Jesús les hizo acordar que el propósito divino fue que el hombre y la mujer estuvieran unidos de por vida como "una sola carne" (Gn. 2:24). El ser humano resiste a Dios cuando rompe esta unidad que Él ha establecido.

En el Antiguo Testamento el repudio de la mujer fue permitido en vía de concesión, y no como un mandamiento. Sin embargo, Jesús enfatiza que al principio de la creación esto no fue así (Mt. 19:8). Jesucristo explica que esta concesión fue dada a causa de la dureza del corazón humano. Según la ley de Moisés el hombre podía repudiar a su esposa si encontraba en ella "alguna cosa indecente" (Dt. 24:1). En el primer siglo había dos escuelas de interpretación de lo que era "alguna cosa indecente". La escuela del rabino Shamai decía que eso se refería exclusivamente al adulterio. La escuela del rabí Hillel definía "alguna cosa indecente" más liberalmente. Ellos decían que se refería a: 1) preparar mal una comida, 2) faltarle al respeto al suegro, 3) ser una mujer rencillosa, 4) que su esposo la encontrara hablando con otro hombre en la calle, y 5) incluso si el hombre encontraba una mujer que le pareciera más hermosa. Para Jesús la única causa de repudio o divorcio en el lenguaje de la vida moderna es la fornicación.

La palabra fornicación, (griego: *porneias*) se refiere a una amplia gama de relaciones sexuales ilícitas fuera del matrimonio. Dios ciertamente ha santificado el sexo para ser gozado dentro del matrimonio. La palabra divorcio es una traducción de la palabra griega *apostasión*, que tiene la misma raíz que la palabra apostasía. Esto indica que la persona que se divorcia está apostatando o renegando del hombre o la mujer de su juventud (Mal. 2:14). Dios aborrece el repudio o divorcio (Mal. 2:16); aunque sigue amando al divorciado.

¿Autoriza la Palabra de Dios segundas nupcias para los que se divorcian? Entre los cristianos hay varios puntos de vista. Primero, existe la interpretación de que el ideal bíblico es no divorciarse bajo ninguna razón, y así no hay necesidad de pensar en casare otra vez. Segundo, algunos sostienen que en casos de fornicación puede haber divorcio pero no un segundo matrimonio. En tercer lugar, hay quienes aceptan que en caso de adulterio puede haber divorcio y segundo matrimonio. Cuarto, hay quienes aceptan el divorcio y segundas nupcias bajo una variedad de circunstancias.

¿Perdona Dios a una persona divorciada que se vuelve a casar? Si consideramos al divorcio en la misma categoría como a cualquier otro pecado la respuesta es que sí hay perdón de Dios. La iglesia del Señor debe mirar estos casos con ojos de misericordia. Las estadísticas nos dicen que actualmente la mitad de las parejas que se casan en los Estados Unidos se divorcian. La iglesia del Señor debe entonces mi-nistrar a aquellos que han sufrido divorcio en sus familias. No debemos juzgar o rechazar a dichas personas, sino acercarnos a ellas con un espíritu redentor.

La iglesia somos como la casa del jabonero, donde el que no cae, resbala. Los divorciados, a pesar de su pecado, continúan siendo hijos de Dios, porque Dios no quita Su salvación cuando hemos pecado. Por esta razón la iglesia del Señor nunca debe considerar a los divorciados como ciudadanos de segunda clase. La iglesia debe ejercer un ministerio de restauración, tanto para las víctimas como para los que se arrepienten del pecado del divorcio. El consejo y la orientación son dos fuertes recursos pastorales para quienes sufren el divorcio.

LECCIONES PARA LA VIDA EN MATEO 5:21-32

1. *La orientación y el consejo son ayuda eficaz para curar a aquellos que están enfermos del enojo o la amargura.* Los seres humanos necesitamos auxilio y consejo cuando nos hemos dejado dominar por el enojo o la amargura. La Biblia enseña que el hombre necesita muy cerca de él consejeros que le anuncien su deber (Job 33:23). Los pastores son los siervos que Dios usa para aconsejar a la grey o a los hermanos con este tipo de problemas, o para guiarlos a buscar ayuda profesional.

2. *El perdón, la reconciliación y la excelencia del amor son las mejores armas espirituales para recibir a un cónyuge*

pródigo. El cristiano puede vencer las heridas, frustraciones y ansiedades que provienen del pecado en el matrimonio. Mediante estas poderosísimas armas espirituales, el creyente puede restañar las heridas producidas por un cónyuge infiel. La Biblia enseña que "con misericordia y verdad se corrige el pecado" (Pr. 16:6).

3. *Bajo la gracia de Dios hay esperanza para las parejas en crisis matrimoniales.* La gracia de Dios supera todos los intentos de forzar un principio bíblico en favor de una víctima o en contra de un arrepentido en una crisis matrimonial. Dios puede traer restauración y armonía al caos matrimonial mediante Su gracia bendita. Hay verdadera esperanza en la maravillosa gracia del Señor para las parejas que sufren las consecuencias de la infidelidad matrimonial, porque "nada hay imposible para Dios" (Lc. 1:37).

---

[1](William Barclay, Mateo, vol. 1 (Buenos Aires: Editorial la Aurora, 1973), 149, 150).

ACTIVIDADES DE APRENDIZAJE PERSONAL

Subraye la mejor respuesta en las siguientes declaraciones:
1. La Biblia nos autoriza a enojarnos condicionalmente
   a. conforme a Efesios 4:26-27.
   b. conforme a Mateo 5:21-22.
   c. sólo si nos ofenden.
2. Cuando Jesucristo echó afuera a los mercaderes del templo manifestó un enojo de paja.
   a. Verdadero   b. Falso
3. ¿Cuál es la interpretación correcta de la expresión "fatuo"?
   a. Que significa una ofensa mayor.
   b. Que implica una palabra de desprecio.
   c. Ambas, (a y b).

4. ¿Cómo se interpreta la palabra "necio":
   a. Como una palabra de discriminación.
   b. Como una palabra de desprecio.
   c. Como una ofensa muy grande.
5. Conteste Verdad o Falso a las siguientes declaraciones:
   a. En la ley de Moisés el adulterio era castigado con apedreamiento hasta la muerte.
       a. Verdadero   b. Falso...
   b. En la gracia de Jesucristo se ofrece perdón para el que ha caído en adulterio.
       a. Verdadero   b. Falso...
   c. En las enseñanzas de Jesucristo se considera adulterio, no sólo a las relaciones sexuales fuera del matrimonio sino también el adulterio del corazón.
       a. Verdadero   b. Falso
6. La enseñanza bíblica de que el adulterio es un pecado contra el cuerpo quiere decir:
   a. Que afecta sólo el cuerpo.
   b. Que el adulterio es un pecado que trae consecuencias físicas solamente.
   c. Que afecta el ser total del hombre: cuerpo, alma y espíritu.
7. El divorcio es autorizado por nuestro Señor Jesucristo
   a. cuando la persona encuentra "alguna cosa indecente" en su cónyuge.
   b. cuando hay incompatibilidad de caracteres.
   c. solamente en casos de fornicación.
8. En los círculos cristianos hay varias interpretaciones de las enseñanzas bíblicas en cuanto al divorcio y segundas nupcias.
   a. Verdadero   b. Falso

Respuestas: 1-a, 2-a, 3-b, 4-c, 5-a,a,a, 6-c, 7-c, 8-a.

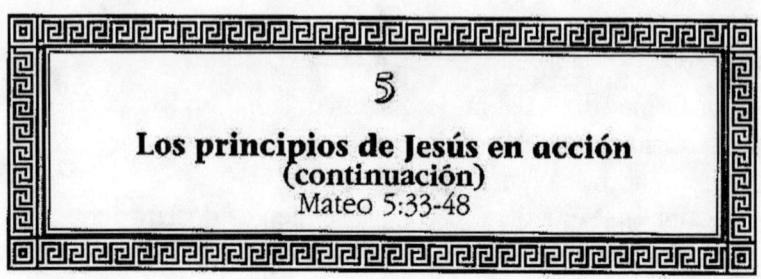

5
Los principios de Jesús en acción (continuación)
Mateo 5:33-48

Las enseñanzas de Jesús acerca de los juramentos
Mateo 5:33-37

La enseñanza de nuestro Señor Jesucristo sobre los juramentos es la cuarta antítesis de las seis que el Señor presenta en el Sermón del Monte. Jesús dijo: "Además habéis oído que fue dicho a los antiguos: No perjurarás, sino cumplirás al Señor tus juramentos. Pero yo os digo: No juréis en ninguna manera" (Mt. 5:33-34). Jesucristo conocía perfectamente el Pentateuco, y Su enseñanza sobre los juramentos encuentra eco teológico en la ley de Moisés. Para captar la atención de Sus oyentes, Jesucristo les hablaba al corazón. Los judíos conocían el Pentateuco, ya que se los enseñaba desde niños. En este ambiente receptivo, el Señor presentó las profundas enseñanzas que emergían de Su evangelio de gracia.

El contexto bíblico de este pasaje se encuentra en Números 30:2: "Cuando alguno hiciere voto a Jehová, o hiciere juramento ligando su alma con obligación, no quebrantará su palabra; hará conforme a todo lo que salió de su boca." El contexto se amplifica en Deuteronomio 23:21-23 donde dice: "Cuando haces voto a Jehová tu Dios, no tardes en pagarlo; porque ciertamente lo demandará Jehová tu Dios de ti, y sería pecado en ti. Mas cuando te abstengas de prometer, no habrá en ti pecado. Pero lo que hubiere salido de tus labios, lo guardarás y lo cumplirás, conforme lo prometiste a Jehová tu Dios, pagando la ofrenda voluntaria que prometiste con tu boca." La palabra "perjurar" significa hacer juramentos mentirosos o falsos. El pecado no estaba propiamente en jurar (Dt. 10:20), sino en no cumplir lo que se había prometido o jurado ante la presencia del Señor. En el Antiguo Testamento un juramento era algo muy solemne. Jacob hizo un voto condicional al Señor diciendo "Si fuere Dios conmigo, y me guardare en este viaje en que voy, y me diere pan para comer y vestido para vestir, y si volviere en paz a casa de mi padre, Jehová será mi Dios. Y esta piedra que he puesto por señal, será casa de Dios; y de todo lo que me dieres, el diezmo apartaré para ti" (Gn. 28:20-22). La Biblia dice que Dios bendijo grandemente a Jacob. Aun su suegro Labán reconoció que Jehová lo había bendecido a causa de Jacob (Gn. 30:27). Las mismas esposas de Jacob, Raquel y Lea, también reconocieron que Dios había quitado riqueza a su padre y la había dado a Jacob (Gn. 31:16). Dios entonces bendice los pactos que hacemos con Él cuando cumplimos lo que prometemos.

Jesucristo amplía esta enseñanza para incluir la misma creación de Dios como el cielo y la tierra, proyectos humanos como lo era la ciudad de Jerusalén, y aun el cuerpo mismo al referirse al cabello de nuestra cabeza. La orden del Señor es que no juremos de ninguna manera, y por ninguna de estas cosas. Jurar en el nombre de Dios era considerado tomar Su nombre en vano. Uno de los diez mandamientos prohibía textualmente: "No tomarás el nombre de Jehová tu Dios en vano; porque no dará por inocente Jehová al que tomare su nombre en vano" (Ex. 20:7). Para los rabinos era aceptable jurar por cosas menos importantes que Dios. Sin embargo, en la enseñanza de Jesucristo es pecado el jurar por los elementos ya mencionados, y afirmó que "lo que es más de esto, de mal procede" (Mt. 5:37).

¿Cuál era entonces la intención primordial de Jesucristo? ¿Qué aplicación práctica podemos encontrar en esta enseñanza? Jesús quiere demostrar que la integridad moral del discípulo es muy importante. Cuando un discípulo está siguiendo las pisadas de Jesús, debe ser hombre o mujer de palabra. En el ministerio encontramos casos de personas que le dicen al Señor: "Sí, Señor; yo te recibo como mi Salvador personal," pero con sus hechos lo niegan. ¿Cuáles son las consecuencias de un "sí" de esta naturaleza? Simplemente que no hay verdadera conversión a Jesucristo; porque "no todo el que me dice: Señor, Señor, entrará en el reino de los cielos, sino el que hace la voluntad de mi Padre que está en los cielos" (Mt. 7:21). La Biblia dice que "nadie puede llamar a Jesús Señor, sino por el Espíritu Santo" (1 Co. 12:3). Por eso, la entrega de una persona insincera, que hace compromiso de labios pero no de corazón, es repudiada por el Señor (Mt. 15:8).

¿Qué de aquellos hermanos en Cristo que se comprometen a servir y no cumplen? Los compromisos espirituales con el Señor son más fuertes que los legales que nos comprometen con instituciones humanas. Lo que Cristo nos pide en este pasaje es que seamos *honestos* en nuestro hablar. El Señor no quiere que hablemos con nuestra boca alguna cosa que no esté respaldada por nuestro corazón.

Jesús contó la parábola de aquel hijo sincero que dijo "no" al llamamiento del padre a trabajar en su viña, pero después arrepentido fue; y del otro hijo insincero que aunque dijo con sus labios "sí," finalmente no fue a trabajar (Mt. 21:28-32). Para el Señor es muy importante que nuestra boca y corazón estén unidos cuando afirmamos algo. Si esto se aplica a la relación espiritual con Dios, también tiene aplicación a las relaciones con el prójimo. Cuando usted afirma que ama a una persona debe ser sincero de corazón, no sea que el cinismo le llene su vida del pecado de hipocresía.

Honestidad en el hablar, e integridad moral, son dos características ineludibles del discípulo de Cristo. Una vida llena del Espíritu Santo no vacilará en anhelar seguir estos principios del discipulado cristiano. A la postre, ser honesto trae satisfacción y el gozo del triunfo de Dios en la vida. La integridad es un medio poderoso para que la luz de Cristo brille más intensamente en la vida del discípulo.

Las enseñanzas de Jesús acerca de la venganza
Mateo 5:38-42

En la quinta antítesis del Sermón del Monte, el Señor afirma: "Oísteis que fue dicho: Ojo por ojo, y diente por diente. Pero yo os digo: No resistáis al que es malo" (Mt. 5:38-39). La idea del "ojo por ojo, y diente por diente" se refiere a la famosa ley del talión (Ex. 21:24). Esta era una ley misericordiosa, cuyo propósito era restringir la venganza de aquellos que se consideraban ofendidos. Es una ley tan antigua que el código de Hamurabi la contenía también. En el Antiguo Testamento, aparte del pasaje ya mencionado, la encontramos registrada también en Levítico 24:20 y Deuteronomio 19:21.

La venganza es real en el contexto de la vida humana. Existen culturas que practican el espiritismo, el fetichismo o animismo, para enfrentar o ejecutar la venganza. Jesucristo, en cambio, ofrece principios sorprendentes para evitar la venganza. Primeramente, Él demanda: "No resistáis al que es malo." Esto significa que los discípulos debemos evitar los pleitos a toda costa. El espíritu peleador, de venganza, es un fruto de la carne (Gá. 5:20). Cuando el discípulo da lugar a los pleitos y venganzas es porque su relación con Cristo no está bien.

Los principios de Jesús en cuanto a la venganza hacen eco teológico a lo que dice el Antiguo Testamento. En la ley de Moisés se encuentra la siguiente exhortación: "No te vengarás, ni guardarás rencor a los hijos de tu pueblo, sino amarás a tu prójimo como a ti mismo" (Lv. 19:18). El libro de Proverbios tiene exhortaciones para la vida diaria referentes a la venganza: "No digas: Como me hizo, así le haré;

daré el pago al hombre según su obra" (Pr. 24:29); "No digas: Yo me vengaré; espera a Jehová y él te salvará" (Pr. 20:22). Asímismo el Nuevo Testamento ofrece otras enseñanzas en cuanto a la venganza. El apóstol Pablo nos exhorta diciendo: "No paguéis a nadie mal por mal"; "No os venguéis vosotros mismos, amados míos, sino dejad lugar a la ira de Dios; porque escrito está: Mía es la venganza, yo pagaré, dice el Señor"; y "No seas vencido de lo malo, sino vence con el bien el mal" (Ro. 12:17, 19, 21).

Jesucristo ofrece un substituto para la venganza. Donde el mundo demandaría pagar con la misma moneda, Jesucristo pide de Sus seguidores la práctica del bien. Las frases "volver la otra mejilla" y "dejar la capa" a aquel que nos quiera poner a pleito, se pueden interpretar en el contexto de la vía dolorosa hacia el Calvario. Cuando Jesucristo fue traicionado por Judas, y arrestado por los soldados, Pedro le cortó una oreja a uno de los siervos del sumo sacerdote (Jn. 18:10). La reacción de Jesús fue la de restaurar la oreja de Malco, y luego exhortó a Pedro diciéndole: "todos los que tomen espada, a espada perecerán" (Mt. 26:52). Tomar la espada no debe ser la reacción de los discípulos. Cuando bebemos la copa de sufrimiento que el Señor nos da sabemos que el cuidado y la protección de Dios están sobre nosotros: "¿Acaso piensas que no puedo ahora orar a mi Padre, y que él no me daría más de doce legiones de ángeles?" (Mt. 26:53). Si muchos son los que nos hacen mal cuando ponemos en práctica las enseñanzas de Jesucristo, podemos estar seguros de que El nos dice: "No tengas miedo, porque más son los que están con nosotros que los que están con ellos" (2 R. 6:16).

La expresión "recorrer la segunda milla" tiene que ser interpretada en el contexto histórico del primer siglo. Según la ley romana, un soldado podía obligar a cualquier judío a llevar una carga, pero solamente por una milla. Por eso, cuando un discípulo de Cristo se ofrecía voluntariamente a

recorrer voluntariamente la segunda milla, era un poderoso testimonio ante el soldado romano. Jesucristo, con su muerte en la cruz, hizo que un centurión romano y sus soldados exclamaran: "Verdaderamente éste era Hijo de Dios" (Mt. 27:54). De la misma manera, somos llamados a testificar y ser luz del mundo, para que el mundo sepa que Jesucristo es el Salvador.

Finalmente, la enseñanza de Jesús en estos versículos se refiere a aquellos que piden algo prestado. Los cristianos viven en un mundo materialista donde siempre habrá pobres, viudas y huérfanos, desposeídos, maltratados. En el Evangelio de Lucas Cristo se identifica con todos estos grupos, porque El dijo: "Bienvanturados vosotros los pobres" (Lc. 6:20); y, "El Espíritu del Señor está sobre mí, por cuanto me ha ungido para dar buenas nuevas a los pobres" (Lc. 4:18). Cuando el discípulo encuentra a personas menos privilegiadas que él, debe tomar la misma actitud de Cristo. Esto no significa que podrá ayudar a todos los necesitados de este mundo. Tampoco significa que ayudarles materialmente es más importante que predicarles el evangelio. Pero sí quiere decir que una buena obra en favor de una persona en necesidad puede ser usada por Dios para preparar a dicha persona para recibir a Jesucristo como su Salvador. Jesús dice: "Al que te pida, dale; y al que quiera tomar de ti prestado, no se lo rehúses" (Mt. 5:42).

Jesucristo, con su ejemplo, nos demuestra que se puede triunfar en la vida cristiana al hacer algo inesperado para aquellos que nos ofenden, o que simplemente piden algo de nosotros. Si el discípulo vive las enseñanzas del Señor, tal vez será juzgado de tonto, pero al final saldrá vencedor.

Las enseñanzas de Jesús acerca de los enemigos
Mateo 5:43-48

Esta enseñanza es la última de las antítesis presentadas

por Jesucristo en el Sermón del Monte, y se resume en las siguientes palabras: "Oísteis que fue dicho: Amarás a tu prójimo, y aborrecerás a tu enemigo. Pero yo os digo: Amad a vuestros enemigos" (Mt. 5:43-44). Aborrecer a los enemigos era común entre los judíos. Algunos de los Salmos son imprecatorios; o sea piden a Dios el castigo y la destrucción de los enemigos. Un ejemplo de clamor de venganza sobre el enemigo es el siguiente:

"Pon sobre él al impío, y Satanás esté a su diestra. Cuando fuere juzgado, salga culpable; Y su oración sea para pecado. Sean sus días pocos; tome otro su oficio. Sean sus hijos huérfanos, y su mujer viuda. Anden sus hijos vagabundos, y mendiguen; y procuren su pan lejos de sus desolados hogares. Que el acreedor se apodere de todo lo que tiene, y extraños saqueen su trabajo. No tenga quien le haga misericordia, ni haya quien tenga compasión de sus huérfanos. Su posteridad sea destruida; en la segunda generación sea borrado su nombre. Venga en memoria ante Jehová la maldad de sus padres, y el pecado de su madre no sea borrado" (Salmo 109:6-14).

Sin embargo, el Antiguo Testamento contiene también mandamientos que ordenan amar a los enemigos (Ex. 23:4-5; Pr. 25:21-22; 1 S. 24:7; 2 R. 6:22). El Nuevo Testamento, por su parte, igualmente contiene exhortaciones al respecto. El apóstol Pablo, en su carta a los Romanos, dice: "Así que, si tu enemigo tuviere hambre, dale de comer; si tuviere sed, dale de beber; pues haciendo esto, ascuas de fuego amontonarás sobre su cabeza" (Ro. 12:20).

Entre la versión de Lucas de esta parte del Sermón del Monte (Lc. 6:27-31, 35-36), y la registrada por Mateo (Mt. 5:38-47) hay similitudes y diferencias. Las siguientes son las similitudes: Para vencer a los enemigos la clave está en: 1) amarlos, 2) hacerles bien, 3) orar por ellos, 4) bendecirlos, 5) prestarles dinero o cosas, 6) darles aquello que nos pidan, y 7) mostrar un espíritu de mansedumbre hacia ellos.

Las diferencias son: 1) Mientras que en Lucas se ofrece un galardón en los cielos para aquellos que aman a sus enemigos, en Mateo se dice que el practicar estas cosas son la evidencia de ser verdaderos hijos de nuestro Padre que está en los cielos. 2) Mientras que Mateo dice que Jesús pide al discípulo ser perfecto (maduro), Lucas dice que la demanda es que el discípulo sea misericordioso. 3) En Lucas se señala la regla de oro en el contexto de este pasaje, mientras Mateo no lo hace sino hasta el capítulo 7:12. 4) Mateo menciona el no resistir al que es malo y Lucas no menciona esta frase. 5) En Mateo se pide que se recorra la segunda milla mientras en Lucas no se lo indica.

Otra diferencia es que en Lucas se indica que Jesucristo no quiere que imitemos a los pecadores, mientras que en Mateo se hace referencia a los publicanos y a los gentiles. En Lucas, Jesús dice que no hay mérito en amar a los que nos aman, en hacer bien a los que nos hacen bien, o en prestar a aquellos de quienes esperamos recibir. En Mateo, en cambio, se indica que no hay recompensa en amar solamente a los que nos aman, ni en saludar a nuestros hermanos solamente.

En el Sermón del Monte Jesucristo utiliza la palabra amor (*agape*, en el griego) por primera vez en este pasaje. En la versión de Lucas, el verbo amar se usa seis veces en relación al trato con los enemigos, mientras que en Mateo sólo se lo usa tres veces. En el Evangelio de Mateo el Señor hace referencia al amor en las siguientes expresiones: "Amad a vuestros enemigos," y "Porque si amáis a los que os aman, ¿que recompensa tendréis?" Jesucristo quiere que hagamos extensivo el amor, no sólo a nuestros enemigos, sino también a aquellos que no nos aman.

Jesucristo nos pide amar a nuestros enemigos como clave

para vencerlos. Cuando el discípulo de Cristo hace que sus enemigos al rendirse a Cristo, lo amen, es entonces que los ha vencido. Una indicación de que el discípulo está viviendo una vida agradable a los ojos de Dios es esta: "Cuando los caminos del hombre son agradables a Jehová, aun a sus enemigos hace estar en paz con él" (Pr. 16:7). Mientras otros líderes destacados, tales como Alejandro Magno y Napoleón Bonaparte, erigieron imperios con las armas militares, Jesucristo levantó Su reino solamente con el arma espiritual del amor. La diferencia es que el reino de Jesucristo existe todavía y los imperios de Napoleón y Alejandro Magno han desaparecido. En conclusión, el amor es clave para todo.

LECCIONES PARA LA VIDA EN MATEO 5:33-48

1. *La honestidad en el habla es parte de la vida diaria del discípulo de Cristo.* Una persona honesta en su hablar crea confianza en los que le rodean. Una persona honesta siempre será comprendida, aun en las crisis de su vida. Una persona honesta en su hablar crea confianza aun en sí mismo. ¡Qué bendición tienen las iglesias cuyos pastores y diáconos son personas honestas! A los pastores se les exige ser "irreprensibles" (1 Ti. 3:2), a los diáconos se les pide ser "sin doblez" (1 Ti. 3:8), y esto, en ambos casos, incluye el hablar. Ahora bien, a todos los cristianos en general se nos exhorta a que no seamos de "doble ánimo" (Stg. 1:8); lo cual puede aplicarse al que dice "sí" con los labios pero "no" con la voluntad. El Señor quiere que Su pueblo crezca en esa virtud que se llama "honestidad."
2. *Los métodos de Jesucristo para triunfar en las relaciones humanas son mejores que los que ofrece la psicología.* La ciencia ayuda al ser humano a superarse en muchas áreas de su vida. Sin embargo hay áreas donde la ciencia no

puede ayudarle. La psicología puede ayudar a crear imperios comerciales, pero no tiene recetas para vencer a los enemigos. Jesucristo sabía que los problemas del discípulo con los enemigos no son luchas contra carne y sangre, sino contra principados y potestades superiores en las regiones celestes (Ef. 6:12). Para enfrentar estas luchas necesitamos vestirnos, no con las armas humanas, sino con las armas de la luz (Ro. 13:12). Estas armas son espirituales, "poderosas en Dios para la destrucción de fortalezas" (2 Co. 10:4). Jesucristo ofrece la receta para que triunfemos en nuestras relaciones humanas, incluso con nuestros enemigos. Los enemigos del cristiano, por más grandes que sean, pueden ser vencidos cuando se viven los principios que Jesucristo ofrece en el Sermón del Monte.

ACTIVIDADES DE APRENDIZAJE PERSONAL

1. Génesis, Exodo, Levítico, Números y Deuteronomio son cinco libros del Antiguo Testamento que se les pueden describir con tres títulos:
   a. _____
   b. _____
   c. _____

2. La palabra perjurar significa: Hacer _____ falsos o _____.

3. La expresión bíblica "ojo por ojo y diente por diente" se le conoce como la _____ _____ _____.

4. ¿Cómo se puede interpretar la expresión de "recorrer una segunda milla"? (Escoja la mejor respuesta):
   a. Como un buen testimonio
   b. Como una carrera deportiva para ejercitar los músculos
   c. Como una orden militar que tenía que cumplirse

5. Los salmos imprecatorios se relacionan a:
   (Escoja la mejor respuesta)
   a. La alabanza a Dios.
   b. La gratitud a Dios.
   c. La venganza contra los enemigos.
6. En Lucas 6:27-36 el verbo amar se repite _____ veces mientras en Mateo 5:44-48 se repite _____ veces.

Respuestas: 1-a. Torah, b. Ley de Moisés, c. Pentateuco; 2-juramentos, mentirosos; 3-Ley del talión; 4-a; 5-c; 6-Seis, tres.

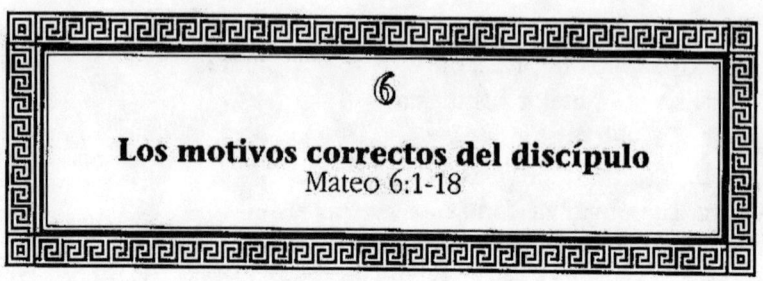

6
Los motivos correctos del discípulo
Mateo 6:1-18

Responsabilidades del discípulo hacia su prójimo
Mateo 6:1-4

El Señor no juzga por las apariencias externas de las personas, sino por los motivos del corazón (1 S. 16:7). El discípulo debe examinar cuáles son los motivos de sus acciones en sus responsabilidades: 1) hacia su prójimo, como por ejemplo las limosnas (Mt. 6:1-4); 2) hacia Dios, como lo es la oración (Mt. 6:5-15); y 3) hacia sí mismo, como lo es el ayuno (Mt. 6:16-18). En este capítulo consideraremos estas tres áreas de responsabilidad.

En referencia a la primera área Jesús indica que parte de la vida del discípulo es interesarse en las necesidades de su prójimo. Al preocuparse por otros el discípulo de Cristo no sólo crece espiritualmente, sino que también recibe gozo, paz y bendición.

Jesucristo comienza esta sección diciendo: "Guardaos de hacer vuestra justicia delante de los hombres, para ser vistos de ellos" (Mt. 6:1). La justicia a la cual Jesús se refiere es la que resulta de una correcta relación con Dios, lo cual automáticamente traerá como resultado natural una correcta relación con el prójimo. Ambas relaciones, las verticales con Dios, así como las horizontales con los demás seres humanos, son de suprema importancia para el discípulo de Cristo. Lucas enriquece esta enseñanza desde otra perspectiva, informando que Jesús dijo: "Guardaos de la levadura de los fariseos, que es la hipocresía" (Lc. 12:1). Mientras que los fariseos y escribas buscaban las recompensas de los hombres (Jn. 12:43), Jesucristo desafía a Sus seguidores a buscar las recompensas eternas. La enseñanza de Jesús es que cuando los hombres hacen las cosas sólo para ser vistos de los hombres, esa es su única recompensa. Por otro lado, cuando se busca la gloria de Dios, se puede pasar inadvertido ante los hombres, pero nunca ante los ojos quien todo lo ve (Jn. 2:25). Mateo 6:2 dice muy claramente que el discípulo debe evitar hacer como los hipócritas. ¿Qué significa la palabra hipócrita? Un hipócrita es alguien que finge, un actor; es alguien que juega el papel de otra persona, que pretende ser algo que en realidad no es. En algunos campos artísticos esto pudiera ser digno de admirarse, pero en el terreno espiritual, y en las relaciones de unos con otros, es condenable como indigno de un verdadero discípulo de Jesucristo.

En el Sermón del Monte Jesucristo se refirió a los hipócritas cuatro veces, cada una indicando que el discípulo no debe hacer como ellos hacen. Primero, el Señor ordena que cuando se den limosnas no se haga de la misma manera como lo hacen los hipócritas, quienes dan con el propósito de ser vistos y alabados por los hombres (Mt. 6:2). Segundo, Jesús advierte que las oraciones de los discípulos no deben ser hechas a la manera que hacen los hipócritas, quienes aman la gloria de los hombres más que la gloria de Dios (Mt. 6:5). Tercero, Jesús no quiere que Sus discípulos practiquen el ayuno como lo hacen los hipócritas, quienes quieren dar a conocer a los hombres algo que debiera ser un pacto entre Dios y la persona (Mt. 6:16). Cuarto, Jesús condena el hecho de juzgar a otra persona sin ver primero los errores de uno, puesto que los hipócritas lo hacen así (Mt. 7:1-5). Los hipócritas buscan ser vistos por los hombres y, de hecho es toda la recompensa que reciben. Ante los ojos de Dios no merecen ninguna otra recompensa.

La expresión "Mas cuando tú des limosna, no sepa tu izquierda lo que hace tu derecha" (Mt. 6:3), ha sido interpretada en diversas maneras. Muchos cristianos encuentran en este versículo la base para argumentar que nadie debe saber lo que ellos le dan a Dios. Hay iglesias en donde la lista de los diezmadores se mantiene como un secreto inviolable. Se considera que no debe hacerse pública la lista de los que dan el diezmo fielmente, ni siquiera por parte del comité de finanzas o del pastor de la iglesia.

Por un lado, los versículos 3 y 4 son enseñanzas en cuanto a las limosnas, y no en cuanto a los diezmos. Por otra parte, ni el Señor ni su iglesia son limosneros. Las limosnas se daban a la gente pobre, humilde, desposeída. De modo que la enseñanza de Jesús es que este tipo de dádivas, si son personales, deben practicarse en secreto, sin informar a otras personas. El bien se hace, y no tiene que proclamarse. Por supuesto, las buenas obras no siempre pueden quedar ocultas (Lc. 8:16-17). Ese fue el caso de Dorcas. Cuando ella murió, las viudas lloraban su ausencia y mostraban las túnicas que ella les había hecho (Hch. 9:39). Sin embargo, se debe recordar que había dádivas comunitarias, como se demuestra en el libro de los Hechos. La iglesia primitiva practicaba una distribución diaria gratuita para las viudas, la cual era pública y conocida por todos (Hch. 6:1).

¿Qué enseña la Biblia en cuanto a hacer públicas las ofrendas que damos al Señor? En el Antiguo Testamento, Moisés pidió al pueblo que trajeran ofrendas al Señor. La Biblia dice que "todos presentaban ofrenda de oro a Jehová" (Ex. 35:22). La ofrenda fue tan abundante que Moisés tuvo que pedir que ya no trajeran más (Ex. 36:6-7). El escritor del Salmo 116 dijo: "Ahora pagaré mis votos a Jehová delante de todo su pueblo" (Sal. 116:147), con lo cual reconocía que Jehová era un Dios que se agrada del reconocimiento y las alabanzas públicas de Su pueblo. Esto bien puede aplicarse al testimonio público de gratitud que ofrezcamos a Dios y a Su iglesia como diezmadores.

En el Nuevo Testamento también encontramos varios ejemplos de ofrendas hechas públicamente. La ofrenda de la viuda pobre fue pública, al igual que las ofrendas de aquellos que hacían sonar sus monedas en el arca de las ofrendas (Lc. 21:1-4). Zaqueo públicamente dijo: "Señor, la mitad de mis bienes doy a los pobres; y si en algo he defraudado a alguno, se lo devuelvo cuadruplicado" (Lc. 19:8), lo cual demuestra que su ofrecimiento también fue público. En ambos casos, las ofrendas fueron vistas no sólo por los ojos omniscientes de Jesucristo, sino también por los ojos limitados de los discípulos.

Responsabilidades del discípulo hacia Dios
Mateo 6:5-15

El discípulo tiene responsabilidades hacia Dios desde el

momento en que es adoptado en la familia de la fe. Muchos vienen a Cristo sólo esperando recibir bendiciones y derechos. Después que Jesús alimentó a los cinco mil (Mt. 14:13-21), hubo muchos que lo buscaban sólo porque querían saciar su hambre física. Casi siempre la gente busca las bendiciones materiales más que las espirituales. Sin embargo, Jesús afirmó que "No sólo de pan vivirá el hombre, sino de toda palabra que sale de la boca de Dios" (Mt. 4:4). La enseñanza de Jesús es que la búsqueda de Su reino, en primer lugar tiene la promesa divina de la provisión de las cosas materiales como añadidura (Mt. 6:33). Ciertamente hay bendiciones y derechos al llegar a ser miembros de la familia de la fe. Pero no hay que olvidar las responsabilidades que adquirimos, y una de ellas es mantener el compañerismo espiritual con Dios a través de la oración.

Mateo 6:5-8 es una enseñanza sobre el verdadero propósito de la oración, el lugar adecuado para practicar la oración en privado, y cosas que evitar cuando se ora. El verdadero propósito de la oración es la búsqueda auténtica de Dios, más que de Sus recompensas. Cuando el discípulo ora está adorando a Dios por lo que El es. Las bendiciones y recompensas vienen como resultado de la relación Padre-hijo. El gran pecado de los fariseos era buscar recompensas terrenales y humanas a sus oraciones, más que bendiciones eternas de Dios.

Dios ha preparado "cosas que ojo no vió, ni oido oyó, ni han subido en corazón de hombre" (1 Co. 2:9) para aquellos que le aman. Cuando se ama a Dios se desea tener una comunión íntima y secreta con El a cada instante. El Señor Jesucristo nos dio ejemplo, puesto que se apartaba de las multitudes, y aun de Sus discípulos, para tener una comunión muy íntima, a solas, con Su Padre. Así los hijos de Dios deben encerrarse para hablar con Dios y oír la voz divina. El hecho de cerrar la puerta quiere decir quitar todos los estorbos, como por ejemplo la televisión, la radio, y aun el teléfono, con el fin de concentranos totalmente en Dios. En los versículos 7-8 Jesucristo hace énfasis en la calidad de las oraciones más que en la cantidad de "palabrería." Jesucristo quiere que cuando se ora se evite seguir el ejemplo de los no creyentes, que piensan que por sus letanías, rezos, o palabrería serán escuchados.

Los versículos 9-13 contienen la oración que Jesucristo dejó como modelo para que Sus seguidores sigan cada vez que practican la oración. Esta oración, que tradicionalmente se le ha llamado "El Padre Nuestro," expone la manera en que se debe orar.

El primer elemento que toda oración debe tener es la alabanza a Dios. Alabar a Dios es no sólo privilegio de los ángeles del cielo sino también de los hijos de Dios. La alabanza es un reconocimiento de lo que Dios es.

La expresión "Padre nuestro que estás en los cielos" nos enseña que debemos dirigirnos a Dios como Padre. La Biblia dice que Dios es omnipresente (Sal. 139), así que la frase "en los cielos" indica ciertamente que el trono de Dios esta allí. Sin embargo, cuando se ora se entra al lugar santísimo con la fe acrisolada de que Dios está también en el corazón del creyente. La oración debe enfocar la alabanza en lo que Dios es, en Sus atributos absolutos y relativos, transmisibles e intransmisibles, naturales y morales. La oración modelo es un ejemplo para que los hijos de Dios siempre utilicemos los nombres de Dios enseñados en su Palabra. Algunos ejemplos son: 1) Soberano Señor, 2) Dios omnipotente, 3) Dios omnisciente, 3) Dios omnipresente, 4) Rey de Reyes, 5) Maestro, 6) Juez, 7) Pastor eterno, 8) *Elohim,* 9) *Adonai,* 10) Señor de Señores, 11) Glorioso Redentor, y 12) Hacedor de Maravillas.

El segundo elemento de la oración es la gratitud. Cuando el Señor dijo "santificado sea tu nombre" estaba enseñando a tener gratitud en el corazón. La gratitud debe expresarse en acciones de gracias a Dios, quien es la fuente maravillosa de todo género de bendiciones (Stg. 1:17). Cada vez que los hijos de Dios oran son llamados a bendecir y a glorificar el maravilloso nombre del Señor. La gratitud puede expresarse, por un lado, por las bendiciones ya recibidas (Lc. 17:15-18). Estas deben enumerarse y expresarse una por una delante del trono de la gracia de Dios. Por otro lado, debemos expresar gratitud por las bendiciones que esperamos recibir en el futuro (Ef. 3:20-21). Es increíble lo que se puede recibir de parte de Dios cuando se le dan las gracias anticipadamente. ¿Por qué no comenzar ahora mismo a practicar el agradecimiento en ambas formas? La gratitud y la alabanza nunca deben faltar en las oraciones de los santos.

El tercer elemento de la oración modelo es la petición. En la oración modelo las peticiones son múltiples porque las

necesidades de los discípulos son muchas; y aunque Dios las conoce de antemano (Mt. 6:8), de todas maneras el discípulo debe mencionarlas en sus oraciones. "Venga tu reino. Hágase tu voluntad, como en el cielo, así también en la tierra" (Mt. 6:10), representa las prioridades de las peticiones de todo creyente.

La primera petición se relaciona con la venida del reino de Dios. La oración más importante de la iglesia de Jesucristo debe ser: "Sí, ven, Señor Jesús" (Ap. 22:20). Esta es una oración escatológica (escatología es el estudio doctrinal de las últimas cosas), mediante la cual se pide el retorno de Jesucristo a este mundo. Sin embargo, la oración "venga tu reino". está conectada con Mateo 6:33, en donde leemos: "Mas buscad primeramente el reino de Dios y su justicia." El reino de Dios, quiere decir Su gobierno, Su autoridad, Su señorío sobre Sus discípulos. Ya que Dios "nos ha librado de la potestad de las tinieblas, y trasladado al reino de su amado Hijo" (Col. 1:13), y ya que "el reino de Dios está entre vosotros" (Lc. 17:21), entonces eso es lo primero que se debe pedir, y que muchas veces se olvida en las oraciones.

La segunda petición se relaciona con el cumplimiento de la voluntad de Dios en los hijos de Dios. "Hágase tu voluntad en mi vida" debiera ser la oración diaria del discípulo, por cuanto la voluntad de Dios es buena, "agradable y perfecta" (Ro. 12:2). Hacer la voluntad de Dios determina la satisfacción y la realización de nuestra vida y nuestro ministerio.

Hay veces que la voluntad de Dios parece difícil de cumplir, como lo fue en la vida del Señor. Antes de ir a la cruz del Calvario El expresó: "Padre, si quieres, pasa de mí esta copa; pero no se haga mi voluntad, sino la tuya" (Lc. 22:42). Jesús podía haber mandado a Sus legiones de ángeles que vinieran a rescatarlo (Mt. 26:53), pero en lugar de eso afirmó Su rostro para ir a Jerusalén y hacer la voluntad de Su Padre

(Lc. 9:51; He. 10:7). Los hijos de Dios, siguiendo las pisadas del Señor Jesús, deben encontrar agrado en hacer la voluntad de Dios (Sal. 40:8).

La tercera petición es "El pan nuestro de cada día, dánoslo hoy"; y puede interpretarse como el mandamiento del Señor para que se expongan delante de El todas las necesidades materiales. Cuando el pueblo de Israel viajaba hacia la tierra prometida, Dios proveyó carne y maná para alimentarlos (Ex. 16). La gente sólo debía tomar lo necesario para el día. No podían guardarlo para el día siguiente, porque criaba gusanos y hedía (Ex. 16:20). La lección es que Dios suple las necesidades materiales, pero El quiere que le pidamos diariamente.

La frase "y perdónanos nuestras deudas, así como también nosotros perdonamos a nuestros deudores" representa el cuarto elemento de la oración modelo: la confesión de pecados. Los discípulos no necesitan confesar sus pecados a los hombres, sino a Dios en el nombre de Jesucristo (1 Jn. 1:9). La confesión trae como fruto el perdón de Dios y la paz para el creyente. Una cristiana piadosa comentó que los pecados son como la basura. Si la basura permanece en casa produce malos olores, por lo tanto tiene que sacarse afuera. Así los pecados llegan a ser una carga insoportable hasta que Dios los perdona como resultado de la confesión del creyente. La confesión tiene que practicarse diariamente para recibir el perdón de Dios. Este perdón es una condición indispensable para que las oraciones sean escuchadas (Mt. 6:12). Asímismo, la confesión es un elemento insustituible para practicar una adoración aceptable ante Dios (Mt. 5:23-24). El perdón de pecados es básico para andar en la luz de Jesús y tener comunión con los santos (1 Jn. 1:7).

"Y no nos metas en tentación, mas líbranos del mal" indica el quinto elemento de la oración: la intercesión. Interceder significa orar por otros para que sean librados del mal. La intercesión incluye también el ser librados de las tentaciones de la carne, del mundo y de Satanás (Stg. 1:13-14; Mt. 26:41; 4:1-11). Gracias a Dios que los discípulos cuentan con Su ayuda para vencer las tentaciones que les vienen (1 Co. 10:13). El discípulo piadoso tiene la promesa divina de que siempre será librado de la tentación (2 P. 2:9). Cuando los discípulos de Cristo no interceden, pecan ante los ojos de Dios (1 S. 12:23). En la intercesión el discípulo cuenta con la ayuda del Espíritu Santo (Ro. 8:26); y la intercesión gloriosa del Señor Jesucristo (Ro. 8:34; He. 5:7)

Responsabilidades del discípulo hacia sí mismo
Mateo 6:16-18

En estos versículos Jesucristo se refiere a la práctica del ayuno. El ayuno ya era practicado por los fieles de la antigüedad, como Moisés (Dt. 9:9), David (2 S. 12:16), Ester (Est. 4:16), y Daniel (Dn. 9:3). Los habitantes de Nínive ayunaron ante el inminente juicio de Dios (Jon. 3:5). Dios ordenó a Joel que proclamara ayuno, como señal de arrepentimiento y conversión, a fin de que la misericordia divina se manifestara sobre el pueblo de Israel (Jl. 1:14; 2:12-15). En el Nuevo Testamento Cristo presenta el ayuno como una práctica común y acostumbrada. Jesús dio inicio a Su ministerio terrenal con un ayuno de cuarenta días y cuarenta noches (Mt. 4:2). Cuando le preguntaron a Jesucristo por qué Sus discípulos no ayunaban, Él contestó que llegaría el tiempo cuando el esposo les sería quitado y entonces ayunarían (Mt. 9:14-15). Jesús recomendó el ayuno para las crisis de la vida, y para interceder por personas que son oprimidas o poseídas por demonios (Mr. 9:14-29; Mt. 17:14-21).

Jesús principia a hablar sobre el ayuno diciendo: "Cuando ayunéis, no seáis austeros, como los hipócritas; porque ellos demudan sus rostros" (Mt. 6:16). La Biblia de las Américas traduce: "Y cuando ayunéis, no pongáis una cara triste como hacen los hipócritas; porque ellos desfiguran sus rostros." Las enseñanzas en cuanto al ayuno se relacionan con el aspecto externo del practicante. Si un discípulo practica el ayuno, no debe descuidar su apariencia, ni aparentar tristeza o debilidad ante los demás. Sin embargo, el énfasis principal de este pasaje es que los hipócritas practican esto "para mostrar a los hombres que ayunan." La enseñanza de Jesucristo es que el ayuno debe practicarse en secreto para que sea aceptado por Dios. La excepción a esta regla podría ser cuando un grupo de creyentes decide interceder en oración y ayuno por algún otro miembro del cuerpo de Cristo.

LECCIONES PARA LA VIDA EN MATEO 6:1-18

1. *El discípulo debe examinar los motivos del corazón al cumplir con sus responsabilidades hacia el prójimo, hacia Dios, y hacia sí mismo.*
2. *El discípulo debe evitar, a toda costa, la hipocresía.*
3. *Los hijos de Dios hemos de buscar glorificar a Dios y obedecerlo a El antes que a los hombres.*
4. *La oración del Padre Nuestro no fue dada para repetirse como letanía o rezo, sino como un ejemplo clásico de los elementos que deben contener nuestras oraciones diarias.*
5. *La práctica del ayuno tiene suficientes bases bíblicas. No hay evidencia bíblica que impida que lo haga el creyente que desea practicarlo.*

ACTIVIDADES DE APRENDIZAJE PERSONAL

1. El hipócrita es un _____ , es alguien que juega el papel de otra persona; y es también un _____ , aquel que pretende ser algo que en realidad no es.

2. ¿Cuáles son los pasajes bíblicos del Sermón del Monte en donde Jesús hace referencia a la hipocresía?
   a. _____
   b. _____
   c. _____
   d. _____
3. Ambos, el Antiguo y el Nuevo Testamento, ofrecen ejemplos de ofrendas públicas aceptadas por Dios: (escoja la mejor respuesta)
   a. Falso   b. Verdadero
4. Mencione los cinco elementos de la oración indicados en el Padre Nuestro:
   a. _____
   b. _____
   c. _____
   d. _____
   e. _____
5. La práctica del ayuno tiene bases bíblicas suficientes (Escoja le mejor respuesta):
   a. Falso   b. Verdadero

Respuestas: 1-actor, pretencioso; 2-Mateo 6:2; 6:5; 6:16; 7:5; 3-Verdadero; 4-a. alabanza, b. gratitud, c. petición, d. confesión, e. intercesión; 5. Verdadero.

7
Los valores verdaderos del discípulo
Mateo 6:19-34

El cristiano, como discípulo de Cristo, debe tener principios que guíen su vida espiritual. Estos principios pueden ser llamados valores. Los valores de la vida, cuando no están centrados en Cristo, son engañosos y falsos. Los valores verdaderos son los que están cimentados, enraizados y edificados en Cristo (Col. 2:6-8). En esta sección del Sermón del Monte, Jesucristo invita a los discípulos a hacer un examen de los verdaderos valores con respecto a cuatro diferentes áreas: 1) El valor verdadero del dinero y de las posesiones materiales, 2) El valor verdadero de la mirada del hombre, 3) El valor verdadero de las prioridades en la vida, y 4) El valor verdadero para conducir la vida en la dirección correcta.

El valor verdadero de las posesiones materiales
Mateo 6:19-21

El lugar del corazón es prominente cuando se trata de valorar el dinero de una persona, o de sus posesiones materiales. El nervio más sensible del ser humano es aquel que va del corazón al bolsillo. El Señor sabe que si consigue el dinero del discípulo es porque previamente ya consiguió lo mejor, que es la persona misma. El Señor Jesús sabe que teniendo a un hombre dedicado se tiene también su dinero, o de otra manera no se tiene a ninguno de los dos.

¿Qué quiso decir Jesús cuando afirmó: "No os hagáis tesoros en la tierra, . . . sino haceos tesoros en el cielo, donde ni la polilla ni el orín corrompen, y donde ladrones no minan ni hurtan"? ¿Se opone Jesús a que el discípulo ahorre dinero depositándolo en un banco? ¿Estará Jesús en contra de que Su pueblo haga planes para su jubilación? ¿Querrá el Señor que Sus hijos sean menos sagaces que los incrédulos para administrar los negocios de la vida? (Lc. 16:8). La respuesta a estas preguntas es sencillamente "no." Cristo quiere que Sus hijos tengan una vida abundante. Esto incluye una buena mayordomía del dinero y de las posesiones materiales.

La mayoría de la gente necesita mucha orientación en cuanto a cómo manejar su vida financiera. Más importante que la habilidad de ganar dinero, es la buena mayordomía de su uso. Más importante que lo que tenemos, es la manera cómo lo usamos. El uso del dinero tiene relación con el valor que el hombre le da en la vida. Desde el punto de vista de la ética, el dinero no es ni malo ni bueno. El dinero no tiene voluntad; y por eso la Biblia advierte, no contra el dinero, sino contra la mala administración del mismo. El apóstol Pablo dijo: "Porque raíz de todos los males es el amor al dinero, el cual codiciando algunos, se extraviaron de la fe, y fueron traspasados de muchos dolores" (1 Ti. 6:10).

La enseñanza de Jesús no es extremista; es decir que Jesús no está diciendo que espera que Sus discípulos sean tan espirituales que descuiden las cosas materiales de esta vida. Por el contrario, Cristo quiere que Sus hijos paguen sus impuestos (Mt. 17:25-27), se ocupen de sus negocios (1 Ts. 4:11), y planeen administrarlos bien (Mt. 25:14-30). Sin embargo, el énfasis de Jesús no está en las cosas materiales. El principio que Jesús enseña es que Sus discípulos deben buscar "primeramente el reino de Dios y su justicia, y todas estas cosas os serán añadidas" (Mt. 6:33).

Jesús está diciendo que el discípulo ha sido llamado a tener una vida equilibrada, y a amar a Dios con todas sus

fuerzas (Mt. 22:37). Si el discípulo lo hace así, entonces nunca será avariento. Hay que recordar que la avaricia es idolatría (Col. 3:5). El creyente debe tener en cuenta las palabras de Jesús: "Porque donde esté vuestro tesoro, allí estará también vuestro corazón" (Mt. 6:21). ¡Cuánta sabiduría hay en estas palabras del Señor! En Mateo 6:19-21, *tesoro* es la palabra que más se repite. La idea principal tiene que ver con el interés del ser humano. Si lo que más interesa al ser humano es el dinero o las cosas materiales, lo que hay es un altar al becerro de oro dentro de su corazón. Para este valor equivocado Jesús advierte: "No os hagáis tesoros en la tierra," y ordena "haceos tesoros en el cielo." Estos tesoros, aunque preservados allá en el cielo, tienen su fuente en la fe de los discípulos y su entrega a Cristo. Hay que buscar estos tesoros en Cristo "en quien están escondidos todos los tesoros de la sabiduría y del conocimiento" (Col. 2:3). Cuando la persona encuentra a Cristo, encontró el tesoro escondido y la perla de gran precio (Mt. 13:44-46). Es un tesoro de tanto valor, que la persona se atreve a vender todo, y a dejarlo todo, para adquirirlo. El banco de Jesús es el que mejor interés paga: diez mil por ciento. "Y cualquiera que haya dejado casas, o hermanos, o hermanas, o padre, o madre, o mujer, o hijos, o tierras, por mi nombre, recibirá *cien veces más,* y heredará la vida eterna" (Mt. 19:29). Esto es promesa y realidad para el que busca los tesoros celestiales.

El valor verdadero de la mirada del discípulo
Mateo 6:22-23

Mediante los adelantos tecnológicos una persona puede cambiar el color de sus ojos. Los lentes de contacto coloreados pueden servir para que una persona reciba una dimensión distinta en su apariencia externa. Muchas personas quieren cambiar el color de los ojos que originalmente recibieron por creación de Dios. Sin embargo, la única demanda bíblica en cuanto a la mirada es imitar los ojos de Cristo Jesús. La Biblia no nos dice cuál fue el color de los ojos de Jesús. Lo que sí afirma es que la mirada de Jesús era una mirada de compasión (Mt. 9:36), y que los ojos de Jesús fueron victoriosos porque vieron a Satanás caer desde el cielo como un rayo (Lc. 10:18).

Tan importante es el ojo humano que el Señor lo llamó "la lámpara del cuerpo" (Mt. 6:22). ¿Cómo podemos tener buenos ojos cuando somos malos? (Mt. 7:11). Jesús afirmó que los ojos, así como los árboles, se clasifican en buenos y malos (Mt. 7:17-18). Uno de los métodos didácticos de Jesús fue el de enseñar por medio de antítesis. En el capítulo 5 vimos cómo El afirmaba "oísteis que fue dicho . . . pero yo os digo." En el capítulo 6 habla de ojos buenos y malos, y de Dios y las riquezas. En el capítulo 7 habla de la puerta estrecha y la ancha, de los árboles buenos y malos, y de dos diferentes cimientos. Este es el método enfático de Jesús en el Sermón del Monte.

La idea de ojos buenos se refiere a los del creyente que ya han sido lavados, santificados y justificados (1 Co. 6:11). La sangre de Jesús es la única que ha transformado la maldad de los ojos llenos de adulterio (Mt. 5:28; 2 P. 2:14), en ojos llenos de bondad y compasión, como los de Jesús. La transformación ha sido tan gloriosa que Jesús los llama "bienaventurados," porque ahora los ojos de esos discípulos "verán a Dios" (Mt. 5:8). Ver a Dios es privilegio de la persona que ha nacido de nuevo; porque "el que no naciere de nuevo, no puede ver el reino de Dios" (Jn. 3:3). Los ojos buenos traen como consecuencia un cuerpo lleno de luz.

El valor verdadero de las prioridades en la vida
Mateo 6:24

"Ninguno puede servir a dos señores; porque o aborrecerá

al uno y amará al otro, o estimará al uno y menospreciará al otro. No podéis servir a Dios y a las riquezas" (Mt. 6:24). Este rico versículo presenta la importancia del orden de las prioridades en la vida del discípulo. La vida sin prioridades es como una veleta, que se mueve en la dirección que sopla el viento. La prioridad número uno debe ser Dios. Esta prioridad demanda un servicio indivisible, fiel y leal del discípulo hacia el Señor Jesús. La relación del Señor (griego: *kurios*) con el esclavo (griego: *doulos*), es clave para entender el servicio del discípulo hacia el Señor Jesucristo.

Cuando Jesús afirmó que ninguno puede servir a dos señores, estaba enseñando enfáticamente que no se puede ser esclavo de dos dueños simultáneamente. La razón es muy sencilla: el ser humano ha sido creado para entregar el corazón a una persona, no a dos al mismo tiempo. Decir lo contrario es faltar a la honestidad y a la verdad. Dios mismo afirma en Su palabra que El no comparte Su gloria con nadie (Is. 42:8). Satanás quiere hacernos creer que sí se puede servir a dos señores, y por eso hay quienes afirman que sí es posible el servicio simultáneo a dos amos. Ante ambas afirmaciones, la verdad del Señor y la mentira de Satanás, el discípulo tiene que aceptar la verdad de Dios en Jesucristo.

La razón de la imposibilidad del servicio simultáneo está descrita en la siguiente parte del versículo 24: "porque o aborrecerá al uno y amará al otro, o estimará al uno y menospreciará al otro." El Señor Jesús está utilizando otra antítesis: amor (griego: *agapan*) y odio (griego: *misein*); para explicar el tremendo error de tratar de servir simultáneamente a dos señores.

Si no se puede servir a dos señores al mismo tiempo, tratar de servir a muchos prostituye la vida de la persona, e incluso puede llegar a enloquecerla. Además convierte la existencia en una vida sin dirección y propósito. No hay capacidad en el hombre para amar a dos dioses o dos señores sumultáneamente. Si trata de hacerlo verá cumplirse en su vida la profecía de Jesucristo, puesto que sufrirá la experiencia de amar o aborrecer, o de estimar o menospreciar.

El valor verdadero de conducir la vida en la dirección correcta
Mateo 6:25-34

Este es un pasaje que demanda interpretarse a la luz del versículo clave que dice: "Mas buscad primeramente el reino de Dios y su justicia, y todas estas cosas os serán añadidas" (Mt. 6:33). Este versículo da dirección a la vida espiritual del creyente, y representa también una brújula para que el discípulo conduzca su vida por la ruta correcta. Es un mandamiento para tener vida abundante. Hay un tremendo misterio de bendición en dar el primer lugar a Dios en la vida. Hacerlo ofrece la garantía de experimentar, como discípulos de Cristo, "cosas que ojo no vio, ni oído oyó, ni han subido en corazón de hombre" (1 Co. 2:9). Es también una garantía de gozar de las cosas que han sido escondidas "de los sabios y de los entendidos," pero han sido reveladas "a los niños" (Mt. 11:25).

El discípulo puede encontrar desviaciones en su carrera espiritual, tales como el afán y la ansiedad. Estas desviaciones son obstáculos que se interponen en el camino a la meta del supremo llamamiento de Dios en Cristo Jesús. Son pesos de pecado, de los cuales hay que despojarse para correr con libertad la carrera que nos es propuesta (He. 12:1). El discípulo de Cristo debe contemplar no sólo las aves del cielo, sino que debe elevar más la mira, y ponerla en las cosas de arriba, donde está Cristo sentado a la diestra de Dios. El verbo "buscad" de Mateo 6:33 encuentra eco en Colosenses 3:1, en donde dice: "buscad las cosas de arriba," y en Mateo 7:7: "buscad y hallaréis."

Esta disciplina de buscar a Dios en primer lugar implica el tener comunión con El a través de la oración y de la lectura de la Palabra de Dios. Esta disciplina prepara al discípulo para la lucha espiritual diaria, y le ayuda a enfrentar el reino del mal, y al malo que es el autor de todos los males de la vida (Job 1:6-19). Cuando el discípulo no cumple con esta disciplina se expone a ser derrotado por las huestes espirituales de maldad, que habitan en las regiones celestes (Ef. 6:12). Buscar primeramente el reino de Dios significa vestirse con toda la armadura de Dios, para estar firmes contra los métodos del diablo, y para permanecer firmes en los días malos que sin duda llegan a la vida de los discípulos (Ef. 6:11,13).

Jesucristo se refiere en este pasaje a dos males que afectan la vida de las personas: la preocupación y el afán. Ambos son considerados pecados contra Dios. Estos pecados pueden ejercer tan grande influencia, que hay casos de gente que sufre de dolores de estómago, gastritis, úlceras, encanecimiento prematuro, debido a la preocupación y a la ansiedad. La preocupación puede venir a causa de la falta de las cosas esenciales de la vida, tales como la comida o el vestido.

El preocuparse por la comida es tan antiguo como la raza humana. El libro de Números relata cómo los israelitas se preocuparon por comida en el desierto. En ruta hacia la tierra prometida recordaban los manjares que tenían en la tierra de su esclavitud diciendo: "Nos acordamos del pescado que comíamos en Egipto de balde, de los pepinos, los melones, los puerros, las cebollas y los ajos" (Nm. 11:5). Los israelitas se quejaron ante Dios y Moisés, y a pesar de su queja fueron escuchados y bendecidos con codornices hasta que les salieron por las narices (Nm. 11:20,32).

El mandamiento de buscar primeramente el reino de Dios definitivamente no es una invitación a quejarse, sino a suplicar sobre toda otra cosa la bendición de Dios sobre nuestras vidas. Esta invitación tiene la promesa de que todas las demás cosas nos serán añadidas (Mt. 6:33). Gracias a Dios que cuando cumplimos con las reglas del juego impuestas por Dios, El se encarga de darnos "mucho más abundantemente de lo que pedimos o entendemos" (Ef. 3:20). Bendito sea Dios que cuando obedecemos este mandamiento de buscar primeramente Su reino, El suple todo lo que nos falta, conforme a Sus riquezas en gloria en Cristo Jesús (Fil. 4:19). Las cosas materiales de esta vida son clasificadas en la Palabra de Dios como la añadidura. Esas demás cosas que nos son añadidas son ciertamente importantes, pero la filosofía de Jesús para la vida de Sus discípulos es que: "No sólo de pan vivirá el hombre, sino de toda palabra que sale de la boca de Dios" (Mt. 4:4).

Los sabios y entendidos no pueden entender la sencillez del método de Jesús, ni las profundas enseñanzas del Maestro de Galilea. Jesús nos dice que la vida del discípulo es prioritaria para Dios. La vida es más importante que el alimento, y el cuerpo es más importante que el vestido. Cristo quiere que sus discípulos entiendan el tierno cuidado que Dios ejerce sobre la corona de su creación: el ser humano. Este fue puesto por Dios para señorear sobre las aves del cielo (Gn. 1:28). Jesús está diciendo a Sus oyentes que el ser humano es importante para Dios. Dios no se ha olvidado de Su creación y nunca la abandonará (He. 13:5).

La primera ilustración que Jesús ofrece es la de las aves de los cielos que "no siembran, ni siegan, ni recogen en graneros," y el Padre celestial las alimenta. Para recalcar el valor supremo del ser humano sobre las aves les pregunta: "¿No valéis vosotros mucho más que ellas?" (Mt. 6:26). En otra ocasion Jesús afirmó: "¿No se venden dos pajarillos por un cuarto? Con todo, ni uno de ellos cae a tierra sin vuestro Padre. . . . Así que, no temáis; más valéis vosotros que muchos pajarillos" (Mt. 10:29,31).

La segunda ilustración que Jesús da es la de los lirios del campo, que en la providencia de Dios visten mejor que el mismo Salomón con toda su riqueza y gloria. Los lirios, a pesar de su belleza, son ciertamente insignificantes en comparación con el ser humano. Jesús, para enfatizar la efímera existencia de los lirios, los clasifica como "hierba," que a la mañana florece y crece, y en la tarde es cortada y se seca. La vida del ser humano es descrita como hierba por el profeta Isaías: "Toda carne es hierba, y toda su gloria como flor del campo" (Is. 40:6). Isaías se refiere a lo efímero de la vida del ser humano. Jesucristo reafirma el concepto divino de que el ser humano es muy superior a las flores del campo. Y si Dios viste y hermosea a las flores "¿no hará mucho más a vosotros, hombres de poca fe?" (Mt. 6:30). El Señor Jesús enfatiza la palabra "afán," la cual es un sinónimo de preocupación, y la menciona seis veces (Mt. 6:25, 27, 28, 31, 34). El numero seis es significativo, porque en la numerología hebraica se le ha atribuido a Satanás. ¿No es verdad que Satanás quiere que los hombres se afanen, se preocupen y renieguen de Dios? ¿No es cierto que los incrédulos están bajo el maligno, y que se afanan por el vestir, el beber, y el comer, más que por buscar el reino de Dios y Su justicia? Dios, en Su omnisciencia sabe las cosas que Sus discípulos necesitan (Mt. 6:8,32). Dios, en Su providencia gloriosa, les proveerá de estas las materiales, o añadidura, si cumplen el mandamiento de buscar "primeramente el reino de Dios y su justicia." Jesús, en Su eterna sabiduría, enseña en la oración del "Padre Nuestro" que primero debemos alabar a Dios, y luego pedir el "pan cotidiano."

LECCIONES PARA LA VIDA EN MATEO 6:19-24

1. *Los valores espirituales, aunque se manifiestan en la vida del hombre, se engendran, cultivan, crecen y se desarrollan en la vida subjetiva del individuo.* Este cultivo de va-

lores empieza cuando la persona ha recibido a Je-sucristo como su Salvador personal.
2. *Los valores son principios o convicciones que el discípulo de Cristo está llamado a desarrollar en su vida cristiana.* La vida del discípulo debe tener valores que le hagan brillar para Cristo.
3. *La vida cristiana debe ser un equilibrio entre las cosas materiales y las espirituales.* Sin embargo, debe dar prioridad a las cosas eternas, sabiendo que Dios merece el primer lugar.
4. *El Sermón del Monte es un llamamiento a la mayordomía del dinero, el cual debe ser controlado y usado sabiamente.* El dinero y las posesiones materiales son malos amos cuando dominan la vida de la persona, pero son buenos siervos cuando son usados y administrados para la gloria de Dios.
5. *El afán y la preocupación son dos grandes enemigos, de los cuales el discípulo de Cristo debe estar liberado completamente.*
6. *La filosofía de vida de Jesús, de buscar "primeramente el reino de Dios y su justicia," es superior a todas las filosofías de la vida.* Esta filosofía de Jesús es un estilo de vida del discípulo de Cristo, que produce vida en abundancia para el que la practica, y para los que le rodean.

ACTIVIDADES DE APRENDIZAJE PERSONAL

1. Los valores de la vida pueden ser clasificados en
   a. _____ b. _____
2. Según la ética el dinero es malo (Subraye la mejor respuesta):
   a. Verdadero   b. Falso
3. Uno de los métodos de enseñanza de Jesús es la _____.

4. Mencione dos ejemplos de antítesis en el Sermón del Monte:
   a. _____
   b. _____
5. Diga dos características de los ojos de Jesús. Ellos fueron ojos que se pueden clasificar como:
   a. _____
   b. _____
6. El afán y la ansiedad son: (Escoja la mejor repuesta):
   a. Pecados delante de Dios
   b. Tolerables en la vida cristiana
   c. Características inevitables en los discípulos

Respuestas: 1-a. Verdaderos, b. Falsos; 2-b; 3-Antítesis; 4-a. "Oísteis que fue dicho. . . pero yo os digo", b. Ojos buenos y malos; 5- a. Compasivos, b. Victoriosos; 6-a.

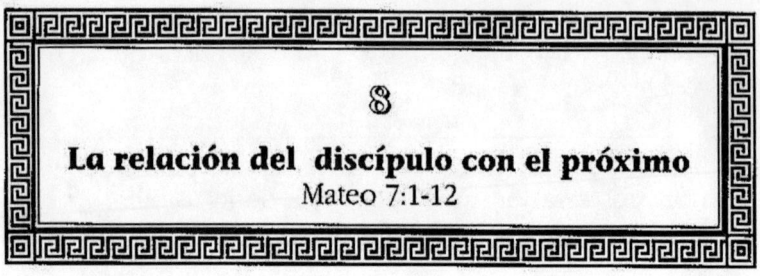

8
La relación del discípulo con el próximo
Mateo 7:1-12

Las bases del Sermón del Monte han sido ya dadas en los capítulos 5 y 6 del Evangelio de Mateo. El Señor está llegando a un clímax dramático en la proclamación de Su mensaje. El ambiente es electrizante, porque Jesús está tocando las fibras más sensibles de Sus oyentes. El capítulo 7 es exhortativo y desafiante. Mateo 7:1-12 trata del tema de las relaciones del discípulo, y está dividido en cuatro secciones: 1) El discípulo no juzgo a los demás, 2) el discípulo es un buen mayordomo de las oportunidades y del tiempo, 3) el discípulo sabe cómo orar, y 4) el discípulo sabe tratar bien al próximo.

No juzga a los demás
Mateo 7:1-5

La predicación del evangelio debe incluir tres elementos importantes: 1) Consolación, 2) Edificación, y 3) Exhortación (1 Co. 14:3). En el Sermón del Monte, Jesús consuela a Sus oyentes con las bienaventuranzas, edifica el carácter y las actitudes de los discípulos en Mateo 5:136:34, y finalmente presenta una serie de exhortaciones en el capítulo 7. El don de la exhortación es un don del Espíritu Santo (Ro. 12:8), y todo predicador debe utilizarlo cuando predica el evangelio.

Las exhortaciones en la Palabra de Dios muchas veces vienen seguidas de promesas que se cumplirán si se obedecen las reglas divinas. Otras veces las exhortaciones vienen antes de alguna advertencia. Una exhortación de esta última clase es la que presenta Jesucristo en Mateo 7:1: "No juzguéis, para que no seáis juzgados." La palabra juzgar proviene del griego *kritete,* de la cual proviene las palabras "criticar" y "criterio." Esta exhortación del Señor es un mandamiento que se debe aplicar en el área de las relaciones humanas. La exhortación es una advertencia para que el discípulo no se convierta en un juez de su prójimo.

El trabajo de juez pertenece a Dios en forma exclusiva, tanto en esta vida, como en el retorno de Jesucristo a esta tierra. Sin embargo, Dios delega algunas veces a los suyos el privilegio de juzgar. Jesucristo prometió a sus apóstoles que ellos juzgarían a las doce tribus de Israel en Su segunda venida: "Y Jesús les dijo: De cierto os digo que en la regeneración, cuando el Hijo del Hombre se siente en el trono de su gloria, vosotros que me habéis seguido también os sentaréis sobre doce tronos, para juzgar a las doce tribus de Israel" (Mt. 19:28).

El tema de juzgar a otras personas, tal como se menciona en el Sermón del Monte, definitivamente se refiere al tiempo presente. ¿Acaso existen ejemplos de éstos en la Palabra de Dios? La primera carta a los Corintios afirma que los hijos del Señor vamos a juzgar al mundo y a los ángeles. El apóstol Pablo afirma: "¿O no sabéis que los santos han de juzgar el mundo? . . . ¿O no sabéis que hemos de juzgar a los ángeles? (1 Co. 6:2,3). También menciona, en ese mismo pasaje, que los santos han de juzgar "las cosas de esta vida" (vv. 3,4). Estas "cosas de esta vida" son una referencia al caso de inmoralidad que había en la iglesia de Corinto. Había un hombre que estaba viviendo con la mujer de su padre (1 Co. 5:1). Pablo anima a la iglesia de Corinto a juzgar este caso de incesto y adulterio. Los santos son responsables de juzgar estos casos dentro de la congregación, en lugar de llevarlos ante los jueces del gobierno (1 Co. 6:1-2). Jesucristo enseñó que Sus discípulos debían llevar ante la iglesia los casos donde fuera necesario ejercer disciplina interna para el bienestar general (Mt. 18:15-17). La autoridad de la iglesia local es tan fuerte que todo lo que ella ate en la tierra será atado en el cielo. Esta es una autoridad que el Señor otorga a la iglesia, para que juzge casos de disciplina que afectan el bienestar espiritual de la congregación. La iglesia del siglo XX se ha olvidado de ejercer este tipo de disciplina.

Si la iglesia olvida ejercer su autoridad, entonces Jesucristo puede pedir cuentas, porque El es el Señor de la grey. Es cierto que estos casos son muy dolorosos para la iglesia y si no se confrontan bien, o no se los trata con amor, pueden acarrear más problemas. Así que, si se ejerce disciplina, se debe hacer bajo la guía del Espíritu Santo. En oración se debe pedir la sabiduría de Dios. Todos los medios de amor y exhortación deben agotarse, antes de ejercer esta clase de disciplina. Se debe estar seguro que los pasos ordenados por Jesucristo se cumplen a pie juntillas (Mt. 18:15-17).

¿Qué quiso, entonces, decir Jesucristo con la expresión "no juzguéis"? Este es un mandamiento que se aplica a las relaciones personales del discípulo con sus semejantes, tanto dentro de la iglesia, como fuera de ella. Cuando una persona juzga a otra se convierte en "juez" y "legislador," y la Biblia afirma que el único dador, juez, y legislador de la ley, es Dios (Stg. 4:11-12). Santiago afirma que los seres humanos no tienen derecho a juzgar a otros, porque no son nadie para hacerlo.

Estamos tan rodeados de debilidad, que la iglesia es como "la casa del jabonero, donde el que no cae, resbala." El juzgar mal a una persona puede ser el fruto de un chisme, o de una calumnia; o puede ser el fruto de una opinión basada en información acertada y correcta. Aun cuando una persona haya sido sorprendida en alguna falta, el mandamiento de Dios es a restaurarla; no a juzgarla (Gá. 6:1). Muchas veces encontramos creyentes dados a juzgar a sus hermanos, pensando que ellos son muy fuertes. Pero cuando les llegan los problemas de la vida, entonces se dan cuenta que la Palabra de Dios se cumple: con la misma medida que midieron, con esa son medidos. En la vida real las leyes de Dios tienen dientes, ya que "todo lo que el hombre sembrare, eso también segará" (Gá. 6:7).

Otra razón para la advertencia de evitar juicios sobre las personas, es porque se puede caer en el pecado de la hipocresía. El hipócrita es aquel que señala pecados aun cuando él practique los mismos, aunque a escondidas, o bien que tenga otros peores. Estos casos de hipocresía son condenados por Jesucristo. El Señor señala que hay personas muy rápidas para ver los pecaditos ajenos, pero que nunca ven la monstruosidad de sus propios pecados.

Es buen mayordomo de las oportunidades y del tiempo
Mateo 7:6

"No deis lo santo a los perros, ni echéis vuestras perlas delante de los cerdos, no sea que las pisoteen, y se vuelvan y os despedacen" (Mt. 7:6). Este es uno de los pasajes más difíciles de interpretar en todo el Nuevo Testamento. Parece que no encajara en el contexto inmediato de lo que Cristo estaba enseñando acerca de juzgar a otras personas. ¿Quiénes son *los perros* que menciona Cristo Jesús? La Biblia dice que los perros, juntamente con los mentirosos, los fornicarios, los hechiceros, los homicidas y los idólatras, no heredarán el reino de los cielos (Ap. 22:15). Este pasaje claramente presenta la idea de que los perros son las personas que, sin importar su origen o nacionalidad, están espiritualmente perdidas.

Basándonos en esta interpretacion, se podría considerar que los perros son aquellos necios que niegan la existencia de Dios (Sal. 14:1; 53:1), aquellos que rechazan abiertamente a Dios (Lv. 24:15) o aquellos que a causa de su necedad y rebeldía contra Dios han sido dejados a las concupiscencias de sus corazones, a pasiones vergonzosas, y a una mente reprobada (Ro. 1:24,26,28). Los perros también pueden ser aquellos que blasfeman contra el Espíritu Santo. La blasfemia contra el Espíritu Santo es el pecado imperdonable, el cual nunca será perdonado por Dios, ni en esta vida ni en la edad por venir (Mt. 12:31,32).

El apóstol Pablo menciona también los perros en su carta a los Filipenses: "Guardaos de los perros, guardaos de los malos obreros, guardaos de los mutiladores del cuerpo" (Fil. 3:2). Hay varias posibilidades para interpretar a quiénes se refería el apóstol, llamándoles perros. Primero, es probable que estaba refiriéndose a los judaizantes, quienes trataban de desprestigiar su ministerio. Estas personas acusaban a Pablo de muchas cosas; entre ellas, de que él no era apóstol, que su presencia física era débil, que era un predicador menospreciable (2 Co. 10:10; 11:5; 12:12). Segundo, tal vez Pablo se refería a los gnósticos, quienes también trataban de introducir sus propias doctrinas dentro de las iglesias que Pablo había organizado. Algunas de esas doctrinas eran que si la persona era salva, no importaban los pecados que cometiera en su carne, o por otro lado, que las personas podían ser salvas mediante el conocimiento intelectual.

En el contexto histórico y sociológico del Nuevo Testamento se sabe que los judíos relacionaban los perros y los puercos con los gentiles, y con toda clase de comida ceremonialmente inmunda. Beryl D. Cohon sugiere la idea de que tanto los perros como los puercos eran dos términos despectivos, que los judíos usaban para referirse a los paganos y a todo aquello que era considerado prohibido.[1] Este pensamiento era tan común y aceptado, que aun el mismo Señor Jesús lo usó cuando afirmó: "No está bien tomar el pan de los hijos, y echarlos a los perrillos" (Mt. 15:26).

El mandamiento de no dar lo santo a los perros, ni echar las perlas a los puercos, claramente es una exhortación a ser buenos mayordomos de las oportunidades y del tiempo que Dios brinda a Sus discípulos. Dios no quiere que nadie se pierda, sino que todos procedan al arrepentimiento y se salven (2 P. 3:9). El propósito de la venida de Jesús a este mundo fue salvar lo que se había perdido (Jn. 3:16). La tragedia es que muchos rechazan a Jesucristo, y así ellos mismos se condenan (Jn. 3:17-18).

El Señor quiere que prediquemos Su evangelio a los buenos y a los malos. Sin embargo, Jesucristo, sabiendo que la mies es mucha y los obreros pocos, quiere que seamos buenos mayordomos en la tarea de proclamar el evangelio. El dio instrucciones precisas en cuanto a aquellos que no reciben Su evangelio. Ordenó a Sus discípulos a decir en estos casos: "Aun el polvo de vuestra ciudad, que se ha pegado a nuestros pies, lo sacudimos contra vosotros" (Lc. 10:10-12).

El Señor profetizó que en Su segunda venida el castigo sobre ellos sería más severo que el que vino sobre las gentes de Sodoma y Gomorra.

Así pues, la mayordomía consiste en dar la oportunidad a todos, invertir tiempo especialmente con los que tienen una actitud receptiva, y no gastarlo con aquellos que rechazan al Señor. Este fue el ejemplo de Jesús; quien comía con los publicanos y los pecadores, pero evitaba a los escribas y los fariseos. Este fue el ejemplo de Pablo, que regresaba adonde era recibido, pero evitaba ir adonde le rechazaban. Como discípulos de Cristo, somos llamados a seguir estos ejemplos.

Sabe cómo orar
Mateo 7:7-11

Las reglas sobre cómo obtener bendiciones eternas están señaladas por Dios en Su Palabra. En Mateo 7:7-8 hay tres reglas para ser bendecidos: "Pedid," "buscad," "llamad." Estas tres reglas, si se obedecen, ofrecen las siguientes promesas divinas: 1) Se os dará, 2) hallaréis, y 3) se os abrirá.

La primera regla tiene un respaldo bíblico abundante en el Nuevo Testamento. Jesús enseñó a Sus discípulos que en sus oraciones personales debían pedir en Su nombre, bajo promesa de que serían escuchados (Jn. 14:13-14; 15:16; 16:23, 24, 26). Las oraciones pueden ser también comunitarias, aun si solamente se juntan dos o tres para orar en el nombre de Jesús (Mt. 18:20). La iglesia primitiva practicó mucho el hacer todas las cosas en el nombre de Jesús (Hch. 2:38; 3:6; 4:12, 30). Las congregaciones cristianas del siglo XX tienen que volver a este principio bíblico de hacer todo en el nombre de Jesús, para que todo lo que se haga sea para honra y gloria del Señor.

Existe la preciosa promesa del gozo total y completo para aquellos que pidan algo a Dios en el nombre de Jesucristo

(Jn. 16:24). Todos los problemas de la vida serían más fáciles de sobrellevar si tan sólo cumpliéramos este mandamiento de pedir. Para las necesidades en la vida del discípulo, la Palabra de Dios tiene dos grandes promesas. Primero, que Dios suplirá todo lo que le falta conforme a Sus riquezas en gloria en Cristo Jesús (Fil. 4:19). Segundo, que Dios nos dará mucho más abundantemente de lo que pedimos o entendemos (Ef. 3:20).

"Buscad" y "llamad" son dos preciosos mandamientos que encierran maravillosas promesas. Dios tiene galardones eternos para aquellos que le buscan (He. 11:6). Quien busca a Dios diligentemente tiene vida en abundancia (Am. 5:4; Jn. 10:10). Los discípulos de Cristo deben de ser buscadores de tesoros eternos, de perlas de gran precio, y de una ciudad y una patria que no son de este mundo (Mt. 13:44-46; He. 11:14-16). La búsqueda del Señor tiene su tiempo (Is. 55:6). Este tiempo es limitado, no porque la gracia de Dios sea limitada, sino porque el ser humano está sujeto a tiempo y espacio. La búsqueda de Dios por parte del ser humano es espiritual, porque tiene que ver con las cosas de arriba (Col. 3:1-2). Esta búsqueda se menciona también en el versículo clave del Sermón del Monte: "Mas buscad primeramente el reino de Dios y su justicia, y todas estas cosas os serán añadidas" (Mt. 6:33). Cuando alguien busca a Dios con todo su corazón, lo encuentra (Jer. 29:13).

Sabe tratar bien al prójimo
Mateo 7:12

Según la Palabra de Dios las relaciones humanas son como la siembra y la cosecha (Gá. 6:7). Si el hombre siembra amor, cosechará amor. Si el hombre siembra odios, amarguras, rencores, calumnias, tarde o temprano cosechará lo mismo; porque quien siembra vientos, cosechará torbellino (Os. 8:7). Jesucristo ofrece las mejores bases teológicas para las buenas relaciones con el prójimo.

En Mateo 7:12 Jesús dijo: "Así que, todas las cosas que queráis que los hombres hagan con vosotros, así también haced vosotros con ellos; porque esto es la ley y los profetas." A este versículo se le ha llamado la regla de oro. En el mundo antiguo había un refrán parecido, que se atribuía a Confucio; pero se expresaba en forma negativa. En lugar de enfatizar el bien hacer, Confucio enseñaba a sus seguidores que evitaran aquello que no quisieran recibir de parte del prójimo. Jesucristo, en lugar de enfatizar la pasividad, el quedarse quieto, o el evitar hacer mal, motiva a Sus discípulos a hacer el bien y nunca cansarse, "porque a su tiempo segaremos si no desmayamos" (Gá. 6:9). Jesucristo incluso enseña que hacer el bien es el método para vencer a los enemigos (Mt. 5:44).

Esta enseñanza fue seguida por el apóstol Pablo en su carta a los Romanos, cuando escribe: "Procurad lo bueno delante de todos los hombres. . . . No seas vencido de lo malo, sino vence con el bien el mal" (Ro. 12:17,21). Pedro enfatiza en sus cartas, que si el discípulo hace el bien y sufre, está agradando a Dios, y está siguiendo las pisadas de Jesús (1 P. 2:20-21). Pedro y Pablo añaden que cuando hay sufrimiento de esta clase, entonces los discípulos tienen compañerismo espiritual con Jesucristo, y se convierten en socios del dolor juntamente con El (1 P. 4:13; Col. 1:24).

La expresión "porque esto es la ley y los profetas" no se refiere a la ley de Moisés. Aunque da la impresión a primera vista de referirse a la ley, no es así. Ya hemos notado que Jesús se refirió a dos principios generales que la ley de Moisés estableció para las relaciones hacia el prójimo (Mt. 5:38-43). Estos dos principios de la ley se referían a la venganza y al aborrecimiento de los enemigos. Sin embargo, Jesús está refiriéndose a la ley del amor. El apóstol Pablo lo llama "la ley de Cristo," cuando dice: "Sobrellevad los unos las cargas de los otros, y cumplid así la ley de Cristo" (Gá. 6:2).

¿Cuál es "la ley de Cristo"? Esta ley de Cristo es el nuevo mandamiento que Jesús vino a enseñar a Sus discípulos: "Un mandamiento nuevo os doy: Que os améis unos a otros; como yo os he amado, que también os améis unos a otros. En esto conocerán todos que sois mis discípulos, si tuviereis amor los unos por los otros" (Jn. 13:34-35). Jesús resume toda la ley y los profetas en el amor a Dios y al prójimo (Mr. 12:30-31). El apóstol Pablo expresa que "el que ama al prójimo, ha cumplido la ley" (Ro. 13:8).

---

[1]Beryl D. Cohon, Jacob's Well: Some Jewish Sources and Parallels to the Sermon on the Mount (New York: Bookman Associates, 1956), 95.

LECCIONES PARA LA VIDA EN MATEO 7:1-12

1. *Las leyes de Dios tienen dientes, y hay que tomarlas muy en serio antes de pecar y sufrir las consecuencias*
2. *El juzgar a los demás es una de las advertencias más fuertes que hay en la Palabra de Dios; hay que evitarlo para no ser juzgados.*
3. *El Pacto de una Iglesia Bautista debería ser repetido más frecuentemente en nuestros cultos de adoración, para recordarnos los deberes que tenemos los unos hacia los otros como miembros del cuerpo de Cristo.*
4. *La oración de los justos es eficaz y puede mucho, no solo cuando se cumplen los mandamientos de "pedir," "buscar," y "llamar," sino también cuando se cumplen los elementos del Padre Nuestro: 1) Alabanza, 2) Gratitud, 3) Petición, 4) Confesión, 5) Intercesión.*
5. *La regla de oro es un llamamiento al discípulo para hacer el bien y cumplir la ley del amor en el Nuevo Testamento bajo la gracia Jesucristo.*

ACTIVIDADES DE APRENDIZAJE PERSONAL

1. La predicación de la Palabra de Dios debe contener tres elementos que son: 1) Edificación, 2) Consolación, 3) Exhortación. ¿A cuál de estos tres elementos pertenece el capítulo 7 del Evangelio de Mateo?

   _____.

2. El trabajo de juzgar pertenece a Dios. Dios en Su Palabra delega este trabajo a los santos algunas veces (Escoja la mejor respuesta):
   a. Verdadero   b. Falso
3. Las expresiones "los perros" y "los cerdos" se refieren a personas que rechazan el evangelio de Jesucristo.
   a. Verdadero   b. Falso
4. El mandamiento "No deis lo santo a los perros, ni echéis vuestras perlas a los puercos," significa que no se debe predicar el evangelio a los malos de este mundo:
   a. Verdadero   b. Falso

Respuestas: 1. Exhortación, 2. Verdadero 3. Verdadero, 4. Falso

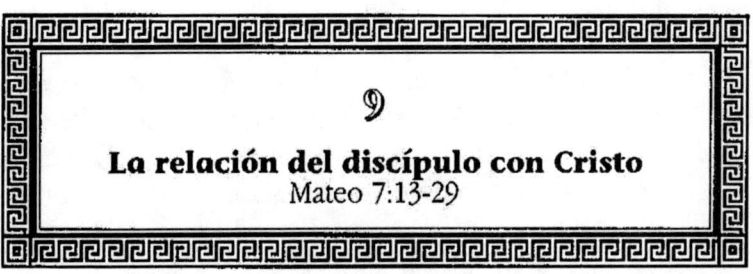

9
La relación del discípulo con Cristo
Mateo 7:13-29

En Mateo 7:13-29 se presentan varias alternativas que los discípulos tienen que enfrentar en la vida diaria. Jesús dijo que en la vida hay dos sendas: la de Dios, y la del diablo; que hay dos clases de puertas: la angosta, y la ancha; que hay dos maneras de seguir a Jesús: como verdadero discípulo, o bajo la máscara de la hipocresía. Igualmente, Jesús presentó las dos clases de oyentes entre la multitud: los del *monte*, o sea los verdaderos discípulos, los que se comprometen, y los del *montón*, es decir, los que no quieren comprometerse.

La relación del discípulo con Cristo está presentada por medio de dos metáforas y dos requerimientos. Las dos metáforas describen, primero, la alternativa de escoger la senda de la vida o la de la muerte; segundo, las dos clases de líderes espirituales: los verdaderos y los falsos. El primero de los requerimientos enfatiza la necesidad de que el discípulo manifieste su identidad. El verdadero discípulo aceptará las demandas del señorío de Jesús. El segundo requerimiento se refiere a las dos maneras de edificar la vida. El desafío a los discípulos es a edificarla sobre Jesús, quien es el fundamento inconmovible, y la Roca eterna.

Las dos sendas de la vida
Mateo 7:13-14

El ser humano fue creado a imagen de Dios (Gn. 1:26-27).

La imagen de Dios no hace del ser humano un títere, sino un ser libre que goza de libre albedrío. En el huerto del Edén, Dios otorgó al hombre el privilegio de escoger entre lo bueno y lo malo. Dios le prohibió que comiera del árbol del fruto de la ciencia del bien y del mal (Gn. 3:3), pero le dejó intacta la libertad de escoger. Esta libertad se manifestó en la alternativa de obedecer o no obedecer, de elegir entre la bendición o la maldición (Dt. 30:15).

La invitación a entrar por la puerta angosta que lleva a la vida implica decisiones importantes. El ser humano siempre ha tenido que decidir entre dos señores; entre el reino de Dios y el de Satanás; entre dos ambiciones, la de hacer tesoros en la tierra y hacerlos en el cielo; entre dos justicias, la que agrada a Dios y la que complace a los hombres; entre la devoción a las cosas de arriba y la devoción a las cosas de la tierra; entre la cultura prevalente y la conducta cristiana que resiste al mundo.[1]

Todas estas alternativas estaban en el pensamiento de Jesús cuando mencionó la puerta angosta que lleva a la vida, y la puerta ancha que conduce a la muerte (Mt. 7:13-14). El ser humano escoge, desafortunadamente para su propio mal, el camino que le parece derecho, pero cuyo fin es camino de muerte (Pr. 14:12). La invitación de Jesús es a escoger el camino que parece más difícil. "La puerta estrecha" es el camino o ruta hacia el Calvario. Cristo Jesús como jefe, guía, apacentador, y Señor de los suyos, escogió el camino de la cruz. En el huerto de Getsemaní Jesús exclamó: "Padre, si quieres, pasa de mí esta copa; pero no se haga mi voluntad, sino la tuya" (Lc. 22:42). La puerta que conduce hacia esa senda estrecha es Cristo Jesús, porque El es la "puerta de las ovejas" (Jn. 10:7). Cuando los perdidos entran por esa puerta, no sólo encuentran la senda de la vida, sino también al Dador de la vida abundante. Pastos delicados les esperan a aquellos que entran por la puerta estrecha (Jn. 10:9).

La invitación a entrar por la puerta estrecha es realmente una invitación doble. Primero, es una invitación a la salvación (Lc. 13:23-24). Segundo, es una invitación al servicio cristiano. Pablo afirma que la salvación en Cristo Jesús nos conduce al servicio. Esto está confirmado en la carta a los Romanos: "Justificados, pues, por la fe, tenemos paz para con Dios por medio de nuestro Señor Jesucristo; por quien también tenemos *entrada* por la fe a esta gracia" (Ro. 5:1-2).

El discípulo de Cristo no puede quedarse sin elegir entre la pereza y el servicio. El inconverso no puede quedarse con los brazos cruzados ante las alternativas de salvación o perdición que se le ofrecen. La pasividad es condenada en la Palabra de Dios, porque el pecado está no sólo en aquel que hace lo malo, sino también en aquel "que sabe hacer lo bueno, y no lo hace" (Stg. 4:17). La pasividad conduce a la senda ancha que lleva a la perdición, y muchos son los que encuentran esa senda. De allí no se puede salir a menos que la gracia del Señor nos rescate. En contraposición, la senda angosta es difícil de encontrar, y muy pocos la encuentran. Cristo llamó a Su pueblo "manada pequeña" (Lucas 12:32).

Esto nos confirma las palabras del Señor cuando dijo que "muchos son llamados, y pocos escogidos" (Mt. 22:14).

Las dos clases de líderes espirituales
Mateo 7:15-20

La influencia es muy importante en el desarrollo de la vida del discípulo. Como participantes del reino de Dios, los discípulos tienen que estar alertas a las influencias mundanas. Los discípulos de Cristo también deben evitar las influencias que parecen inofensivas, pero que pueden ser muy dañinas en su vida espiritual.

Durante Su ministerio, Jesucristo mencionó varias veces la advertencia: "Guardaos." Algunos ejemplos son:

"Guardaos de la levadura de los fariseos, que es la hipocresía" (Lc. 12:1);

"Guardaos de los hombres, porque os entregarán a los concilios" (Mt. 10:17);

"Guardaos de los escribas, que gustan de ... las primeras sillas ..., que devoran las casas de las viudas" (Mr. 12:38-40);

"Guardaos de toda avaricia; porque la vida del hombre no consiste en la abundancia de los bienes que posee" (Lc. 12:15).

En el Sermón del Monte Jesús usa esta advertencia dos veces: "Guardaos de hacer vuestra justicia delante de los hombres" (Mt. 6:1), y "Guardaos de los falsos profetas" (Mt. 7:15). El apóstol Pablo, conociendo la terrible influencia que ejercen los falsos líderes, advirtió: "Guardaos de los malos obreros" (Fil. 3:2). Estos malos líderes espirituales del siglo XX son aquellos que ni crecen ni dejan crecer a los demás hermanos en Cristo.

Un ejemplo bíblico de un mal líder es Diótrefes, quien siempre quería tener el primer lugar, no recibía a los predicadores invitados, hacía daño con calumnias, y expulsaba injustamente a algunos hermanos de la iglesia (3 Jn. 9-10). Jesús advirtió que este tipo de líderes parecen blancas palomas, vestidos con pieles de ovejas, "pero por dentro son lobos rapaces" (Mt. 7:15). Pablo señala que no debemos maravillarnos, porque éstos son obreros fraudulentos, que se disfrazan como apóstoles de Cristo, como ministros de justicia, y hasta como ángeles de luz (2 Co. 11:13-15). Sin embargo, Jesús afirmó que por dentro son lobos rapaces.

La iglesia de Jesucristo debe estar muy alerta, porque en los últimos días se manifestará el misterio de iniquidad en varias maneras. El apóstol Pablo habla de la manifestación del inicuo, u hombre de pecado (2 Ts. 2:7-9); y también de la manifestación de falsos profetas "que tendrán apariencia de piedad, pero negarán la eficacia de ella" (2 Ti. 3:5).

El apóstol Pedro expone, en su carta, que en los postreros días habrá falsos profetas y falsos maestros, que introducirán herejías encubiertamente, y que muchos seguirán sus disoluciones (2 P. 2:1-22). El Señor afirmó que vendrán falsos Cristos, y que engañarán aun a los escogidos (Mt. 24:5,23-24). Estas son algunas de las profecías que se cumplirán antes del fin del mundo. Judas exhorta a los discípulos de Cristo a contender ardientemente por la fe dada a los santos (Jud. 3-4). Ser defensores de la fe es una responsabilidad otorgada a los cristianos, para evitar que los más débiles en la iglesia del Señor sean engañados. El apóstol Juan suplica: "no creáis a todo espíritu, sino probad los espíritus si son de Dios" (1 Jn. 4:1).

Dios ha enjuiciado ya a varios predicadores del evangelio en los Estados Unidos. Algunos de ellos están en la cárcel, y otros han tenido que dejar su ministerio en vergüenza. Estos habían hecho grandes fortunas mediante el ministerio de la televisión. La iglesia del Señor debe estar en guardia, y aun a la vanguardia, para protegerse contra los malos obreros. Usted puede preguntar: "¿Por qué Dios permite estos malos obreros?" La respuesta es que Dios los usa para probar nuestra fidelidad y lealtad a El, así como para desafiarnos a crecer espiritualmente en el conocimiento de la Escritura.

La ingenuidad y emocionalismo de los discípulos se convertirá en fe racional y acrisolada al probar a los líderes espirituales, de acuerdo a los frutos que éstos muestran en sus ministerios. Jesús dijo: "Por sus frutos los conoceréis" (Mt. 7:16). Cuando la iglesia prueba a sus líderes, no sólo habrá "probado a los que se dicen ser apóstoles, y no lo son" (Ap. 2:2); sino que reconocerá y tendrá en mucha estima a los buenos líderes espirituales enviados por el Señor (1 Ts. 5:12-13), los obedecerá (He. 13:17); y se dedicará a trabajar con ellos para cumplir la voluntad de Dios (2 Co. 8:5).

Estos buenos líderes, los cuales pueden ser pastores, diáconos, otros ministros de tiempo completo, o líderes en general de una iglesia, serán recompensados por el príncipe de los pastores con la corona de gloria (1 P. 5:4). A estos buenos líderes hay que cuidarlos, porque son los ángeles del Señor en Su iglesia (Ap. 2:1, 8, 12, 18; 3:1, 7, 14). Ellos merecen ser remunerados con doble honor por parte de sus congregaciones (1 Ti. 5:17). El obrero es digno de su salario, y la iglesia no debe poner bozal al obrero que trabaja dura y honestamente para la gloria de Dios (1 Ti. 5:18).

Los verdaderos discípulos y los disfrazados
Mateo 7:21-23

No debe haber anhelo más grande en la vida del discípulo que conocer más profundamente a Cristo. Pablo tenía como meta espiritual, en su llamamiento celestial, "ser hallado" en Cristo, con el "fin de conocerle" (Fil 3:9-10). Muy triste será para personas que parecen buenos cristianos ante la sociedad, ser avergonzados y desconocidos por Cristo en Su segunda venida (Mt. 7:23; 1 Jn. 2:28). Conocer a Jesús es confesarlo de corazón como Dios y Señor, tal y como lo hizo Tomás (Jn. 20:28). Conocer a Jesús es nombrarlo socio principal de todas las actividades financieras, de las relaciones familiares, y de todas las decisiones que se hagan en la vida. Conocer a Jesús es darle a Él señorío total y absoluto de lo que somos y tenemos.

La demanda básica del Señor a Sus discípulos es que no basta llamarlo "Señor, Señor." Llamarlo Señor, y no hacer Su voluntad, es ofenderlo. Llamarlo Señor, y no hacer la voluntad de Dios, es mentir. Jesús dijo que Sus hermanos verdaderos son aquellos que hacen la voluntad de Dios (Mr. 3:34-35; Mt. 12:50). Jesús, más que estar interesado en lo que Sus discípulos hacen, está interesado en lo que Sus discípulos son. El *ser* es más importante que el *hacer* para Cristo. Es mucho más importante ser discípulos de Cristo, que hacer las obras del reino sin ser miembros de Él. Las obras que se hacen sin ser miembros del reino simplemente serán quemadas, sin ninguna recompensa para quien las hizo (1 Co. 3:15).

Jesús dijo que los discípulos deberían considerar muy importante el hecho de que sus nombres estén escritos en el libro de la vida (Lc. 10:20; Ap. 20:15). Los nombres que aparecen en los cielos son los de los verdaderos discípulos de Cristo; aquellos que han hecho de Cristo Su Salvador y Señor. El Señor no impide que voluntarios que no han sido salvos hagan la obra en su reino (Lc. 9:49-50). Pero la prioridad más importante para Jesús es que la gente se salve, y posteriormente que produzca frutos para Su reino.

Jesucristo llama "hacedores de maldad" a aquellos que sin conocerle hacen buenas obras (Mt. 7:23). Esto es porque las obras buenas son como "trapos de inmundicia," cuando son usadas para tratar de ganar la salvación (Is. 64:6; Ef. 2:8-9). Las buenas obras que son agradables ante los ojos de Dios son las del pueblo de Dios. Los discípulos son hechura de Dios, y han sido creados en Cristo Jesús para ser un pueblo celoso de buenas obras (Ef. 2:10; Tit. 2:14). Se espera que los que forman parte del pueblo de Dios produzcan buenas obras como fruto de su relación con Cristo (Jn. 15:8,16). La fe del discípulo que no tiene obras es considerada como un cuerpo sin espíritu (Stg. 2:26). Cuando el discípulo lleva fruto, glorifica a Dios, y es limpiado para que lleve más fruto (Jn. 15:2).

Las dos clases de oyentes: del montón o del monte
Mateo 7:24-29

Jesús es el Maestro por excelencia, quien principia con un énfasis, y lo reafirma al final de Su mensaje. Al principio del Sermón del Monte, Jesús hizo una diferencia entre los discípulos y la multitud (Mt. 5:1). Los discípulos son aquellos que toman el compromiso firme de seguir a Jesucristo y servirlo. Los de la multitud son aquellos que no quieren tomar un compromiso serio con Jesucristo. Por el compromiso que hacen los discípulos, les es revelado el conocimiento de los misterios del reino de Dios. Mientras tanto, los de la multitud, viendo no ven, y oyendo no entienden (Lc. 8:10). En consecuencia, podemos clasificar a los discípulos como "los del monte," y los de la multitud como "los del montón." ¿A cuál de estos dos grupos pertenece usted?

Jesús describe a "los del monte" como personas prudentes, que edifican su casa sobre la roca. No importa cuántas tempestades, o vientos borrascosos vengan, su vida no se tambalea porque está fundada sobre Cristo Jesús (Mt. 7:24-25).¡Qué vidas tan preciosas son las de los discípulos que arraigan, confirman y sobreedifican sus vidas en Cristo, abundando en acciones de gracias! (Col. 2:7). La edificación de la vida espiritual comienza con la confesión de Pedro:"Tú eres el Cristo, el Hijo del Dios viviente" (Mt. 16:16). La respuesta de Jesús no se hace esperar, ya que le dice a Pedro: "Yo también te digo que tú eres Pedro, y sobre esta roca edificaré mi iglesia; y las puertas del Hades no prevalecerán contra ella" (Mt. 16:18).

"Los del montón" son los insensatos, que edifican su casa sobre arena movediza. Cuando descienden las lluvias, las inundaciones o los tornados, aquella casa es abatida y cae, porque no está fundada sobre la roca que es Cristo Jesús. No tomar un compromiso con Jesús es seguirle de lejos, como lo hicieron algunos de Sus discípulos (Mr. 14:51-52; Lc. 22:54). Los discípulos que le siguen de lejos son inmaturos, débiles en su fe, enfermos del espíritu, y muchos de ellos duermen (Ro. 14:1-2; 15:1-2; 1 Co. 11:30). Los discípulos que le siguen de lejos no crecen espiritualmente, y nunca abandondan el *abc* de la vida cristiana (He. 5:12). Estos discípulos pueden tomar leche espiritual, pero son incapaces de recibir alimento sólido (He. 5:14). En el Nuevo Testamento se les llama carnales o niños en Cristo (1 Co. 3:1-3). Esa clase de creyentes son dados a las divisiones y a los pecados sutiles de la lengua (1 Co. 3:4-5; Stg. 3:1-12). La Biblia describe a esta clase de discípulos como gente de doble ánimo (Stg. 1:8).

¿Qué es construir sobre arena? Los edificios construidos sobre arena no perduran por mucho tiempo. Construir sobre arena es construir sobre emociones o sentimientos, los cuales son muy volátiles. La vida cristiana no debe construirse sobre la vida emocional del individuo. Este es uno de los grandes problemas de las iglesias donde las emociones son las que rigen en la adoración y el servicio al Señor. No hay nada malo en tener cultos emotivos, pero no todo debe ser producto de las emociones. El Espíritu Santo ciertamente toca las emociones, pero recordemos que el mismo Espíritu de Dios ha dado dominio propio a los creyentes (2 Ti. 1:7).

Para los discípulos "del monte" hay triunfo y victoria espiritual. Ellos van de triunfo en triunfo y de victoria en victoria (2 Co. 2:14; 1 Jn. 2:13; 5:4). La vida que se compromete sale ganando, porque es una vida abundante y llena del Espíritu Santo. Para "los del montón" solamente hay frustración, fracaso, y gran ruina espiritual. Jesús dijo que "fue grande su ruina" (Mt. 7:27). Ellos se disfrazan de discípulos, pero no quieren comprometerse. Les falta constancia, lealtad, y fidelidad al Señor. Pretenden servir, pero pronto se les cae la máscara de hipócritas, y no pueden permanecer dentro de la iglesia.

Conclusión

Mateo concluye el relato del Sermón del Monte exaltando la autoridad de Jesucristo (Mt. 7:28-29). La autoridad de los escribas y los fariseos estaba basada en las interpretaciones de los rabinos judíos. Pero la autoridad de Jesús se basaba en Su calidad de Hijo de Dios. El es Dios encarnado, El es la suprema norma de interpretación de las Escrituras. Jesús es el criterio exclusivo por el cual debe hacerse toda interpretación de la Biblia, así como su aplicación en favor de las necesidades del hombre.

Amós dijo: "Si el león ruge, ¿quién no temerá? Si habla

Jehová el Señor, ¿quién no profetizará? (Am. 3:8). A través de Sus enseñanzas profundas Jesús ruge como el León de la tribu de Judá, para bendición de toda la humanidad (Ap. 5:5). Bienaventurados son los que leen y practican lo que Cristo ha proclamado en el Sermón del Monte (Lc. 11:28; Ap. 1:3). Aquí se encuentra un modelo de discipulado, que comenzó en el primer siglo pero que perdurará hasta que Jesús venga de nuevo. Jesús ha hablado a través del Sermón del Monte, y todos están llamados a temerle y a obedecerle para que les vaya bien en su relación de discípulos con El. Dios no tiene otra voz de autoridad más que la de Su Hijo amado. El destino de los hombres depende de oírle y obedecerle (Mt. 3:17). Dios habló en el pasado por medio de los profetas, pero en estos postreros días la única voz de autoridad pertenece a Su Hijo Jesucristo (He. 1:1-2).

---

[1]John R. W. Stott, Christian Counter-Culture: The Message of the Sermon on the Mount (Downers Grove: InterVarsity Press, 1978), 193.

LECCIONES PARA LA VIDA EN MATEO 7:13-29

1. *Los discípulos deben aprender a discernir entre lo bueno y lo malo.* La vida ofrece varias alternativas, de entre las cuales los discípulos deben escoger cual de ellas es la voluntad de Dios y rechazar todo aquello que les pudiera perjudicar. Los discípulos deben aprender a caminar por la senda difícil y la puerta angosta, para que sean árboles de justicia, plantíos de Dios, en medio de una generación maligna y perversa (Is. 61:3; Fil. 2:15).
2. *Dos clases de personas se distinguen en el Sermón del Monte: los del monte, y los del montón.* "Los del monte" son los discípulos verdaderos que están dispuestos a pagar el precio de seguir a Jesús. "Los del montón" son

los oyentes que sólo pretenden ser discípulos, pero no quieren comprometerse con Cristo Jesús.

ACTIVIDADES DE APRENDIZAJE PERSONAL

1. Diga las dos clases de oyentes que había en la audiencia que escuchó el Sermón del Monte:
   a. _____

   b. _____

2. Diga cuáles son las dos maneras de seguir a Jesús conforme a Mateo 7:21-24.
   a. _____

   b. _____

3. La entrada a la puerta estrecha es una invitación doble:
   a. _____

   b. _____

4. En el Sermón del Monte la palabra "Guardaos" se repite: (escoja la mejor respuesta):
   a. Una Vez   b. Dos Veces   c. Tres Veces

5. Diga el nombre de un mal líder espiritual en 3 Juan: _____

6. ¿Cuál debe ser el anhelo más grande del discípulo? _____

Respuestas: 1-a. Los del montón, b. Los del monte, 2-a. Como verdadero discípulo, b. Bajo la máscara de la hipocresía, 3-a. A la salvación, b. Al servicio, 4-b, 5-Diótrefes, 6-Conocer a Cristo.

Breinigsville, PA USA
02 July 2010
241119BV00002B/2/P